ZHONGGUO MINZUDIQU JINGJIFAZHAN BAOGAO

中国民族地区经济发展报告
（2018）

国家民族事务委员会经济发展司 编
中 南 民 族 大 学

民族出版社

图书在版编目(CIP)数据

中国民族地区经济发展报告.2018/国家民族事务委员会经济发展司,中南民族大学编.—北京:民族出版社,2018.11
ISBN 978-7-105-15610-8

Ⅰ.①中… Ⅱ.①国… ②中… Ⅲ.①民族地区经济—区域经济发展—研究报告—中国—2018 Ⅳ.①F127.8

中国版本图书馆CIP数据核字(2018)第278226号

策划编辑:虞　农
责任编辑:张　华
封面设计:金　晔
出版发行:民族出版社
地　　址:北京市和平里北街14号
邮　　编:100013
网　　址:http://www.mzpub.com
印　　刷:北京中石油彩色印刷有限责任公司
经　　销:各地新华书店经销
版　　次:2018年12月第1版　2018年12月北京第1次印刷
开　　本:880毫米×1230毫米　1/32　字数:197千字
印　　张:7.5
定　　价:25.00元
ISBN 978-7-105-15610-8/F·437(汉346)

该书如有印装质量问题,请与本社发行部联系退换
汉文编辑一室电话:010-64271909　　发行部电话:010-64224782

《中国民族地区经济发展报告（2018）》编委会

主　编　张志刚
副主编　王海青　李俊杰
委　员　朱卫东　万晓璐　马　帅　侯运等

《中国民族地区经济发展报告（2018）》

课题组

课题组顾问：张志刚
课题组负责人：王海青　李俊杰
课题组成员：朱卫东　万晓璐　马　帅　侯　运
　　　　　　耿　新　孟庆雷　段世德　李天华
　　　　　　何　锋　李彦军　马　楠　李云超
　　　　　　陶文庆　白勇军

前　言

2017年，民族地区新旧动能转换加快，基础设施建设持续加强，生态保护成效显著，改革开放有序推进，发展基础进一步夯实，经济形势总体向好。党的十九大作出了我国社会主要矛盾转变的重大判断，把解决发展不平衡、不充分问题提升到了前所未有的高度，而民族地区发展相对滞后是我国发展不平衡、不充分的集中体现，无论是全面小康还是全面现代化，民族地区都是重点、难点。

《中国民族地区经济发展报告（2018）》全面分析、研究2017年民族地区经济运行状况和当前民族地区在农牧业、工业、服务业的发展情况，从不同角度进行专题研究，通过多个省区的经济运行情况来剖析民族地区经济发展中存在的难点与不足，提出有针对性的对策建议，以期为研究出台相关政策提供参考。

书中如有不妥之处，敬请批评指正，以便我们更好地改进工作，更好地为民族工作部门和社会各界服务。

编　者
2018年9月

目 录

第一篇 总报告

2017年民族地区经济形势分析报告 …………………………（3）

第二篇 行业报告

2017年民族地区农（牧）业经济运行及发展趋势分析 ………（19）
2017年民族地区工业经济运行及发展趋势分析 ……………（44）
2017年民族地区服务业运行及发展趋势分析 ………………（60）

第三篇 专题报告

乡村振兴战略背景下民族地区民宿产业发展情况报告 ………（77）
兴边富民行动与广西边境地区发展研究 ………………………（88）

第四篇 地区报告

内蒙古自治区2017年经济运行情况及2018年发展趋势
　　分析……………………………………………………………（103）
广西壮族自治区2017年经济运行情况及2018年经济发展
　　趋势分析………………………………………………………（116）
重庆民族地区2017年经济运行情况及2018年经济发展
　　趋势分析………………………………………………………（125）

四川省民族自治地方 2017 年经济运行情况及 2018 年经济发展趋势分析……………………………………（129）

贵州省 2017 年经济运行情况及 2018 年经济发展趋势分析………………………………………………（138）

云南省 2017 年经济运行情况及 2018 年经济发展趋势分析………………………………………………（152）

西藏自治区 2017 年经济运行情况及 2018 年经济发展趋势分析…………………………………………（163）

甘肃省民族地区 2017 年经济运行情况 ……………（174）

青海省 2017 年经济运行情况及 2018 年经济发展趋势分析………………………………………………（187）

宁夏回族自治区 2017 年经济运行情况及 2018 年经济发展趋势分析……………………………………（195）

新疆维吾尔自治区 2017 年经济运行情况及 2018 年经济发展趋势分析…………………………………（203）

后　记…………………………………………………（236）

第一篇 总报告

2017年民族地区经济形势分析报告

2017年,在党中央的坚强领导下,民族地区①深入学习习近平新时代中国特色社会主义思想和党的十九大精神,始终坚持以人民为中心的发展理念,统筹推进"五位一体"(经济建设、政治建设、文化建设、社会建设、生态文明建设)总体布局,协调推进"四个全面"(全面建成小康社会、全面深化改革、全面依法治国、全面从严治党)战略布局,坚持主动适应,引领经济发展新常态,以推进供给侧结构性改革为主线,经济发展取得新的进展。在稳步有序推进"十三五"规划确定的各项目标任务的同时,也为民族地区经济社会持续、稳定、健康发展奠定了基础。

一、2017年民族地区经济运行总体情况

(一)经济增长量质提升

十八大以来,民族地区经济形势总体向好,稳中有升。2017年实现生产总值84899亿元,同比增长7.6%,高于全国平均水平0.7个百分点,民族地区生产总值较2012年增长8.7%,高于同期

---

① 民族地区是指内蒙古、广西、西藏、宁夏、新疆5个自治区和贵州、云南、青海3个多民族省。

全国平均水平1.6个百分点。2017年,贵州、西藏和云南的生产总值增速位列全国前三位,分别为10.2%、10.0%和9.5%,民族地区中7个省区增速高于全国平均水平。

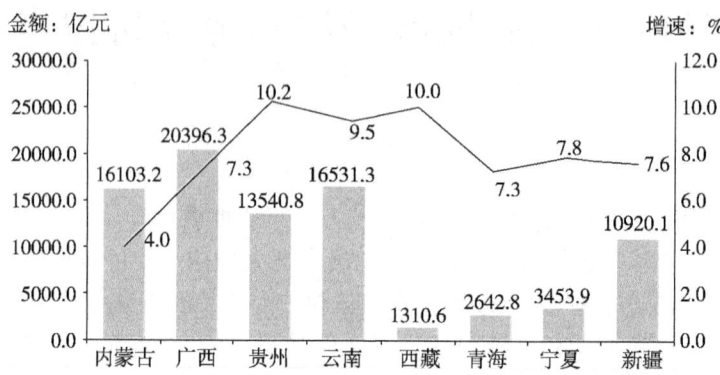

图1 2017年民族地区各省区生产总值及增速情况

党的十八大以来,民族地区生产总值增速均高于全国平均水平。

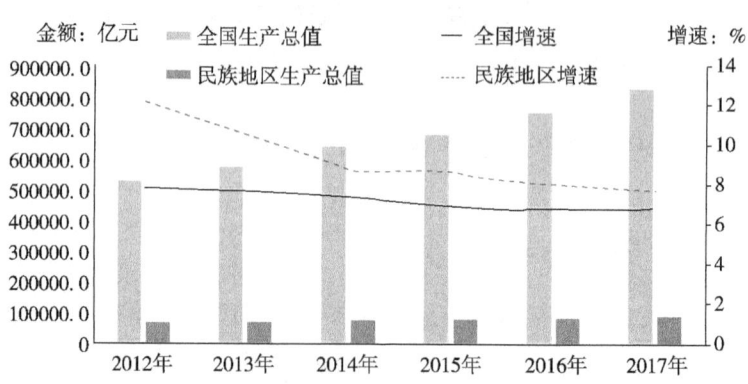

图2 党的十八大以来民族地区与全国生产总值及增速对比

2017年,民族地区三次产业发展总体向好,增速均高于全国平均水平,其中第一产业实现增加值11200亿元,同比增长5.1%,

高于全国平均水平1.2个百分点；第二产业实现增加值35101亿元，同比增长6.9%，高于全国平均水平0.8个百分点；第三产业实现增加值38599亿元，同比增长9.0%，高于全国平均水平1.0个百分点。党的十八大以来，民族地区第一产业和第二产业占生产总值的比重分别下降了0.4%和6.7%，而第三产业占比提升了7.1%，产业结构进一步优化。

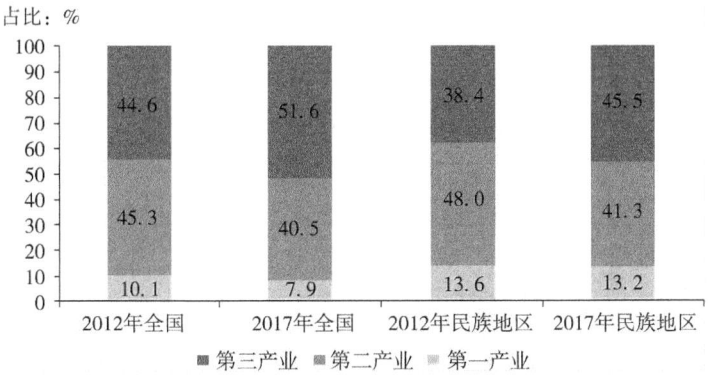

图3 全国与民族地区三产占比变化对比图

全社会固定资产投资（不含农户）总额为88730亿元，同比增长11.8%，高于全国平均水平4.6个百分点。城乡居民收入普遍提高，2017年民族地区城镇居民人均可支配收入达31553元，同比增长8.4%，农村居民人均可支配收入10527元，同比增长9.6%，城镇和农村居民可支配收入分别较2012年增加11202.8元和4596.3元。

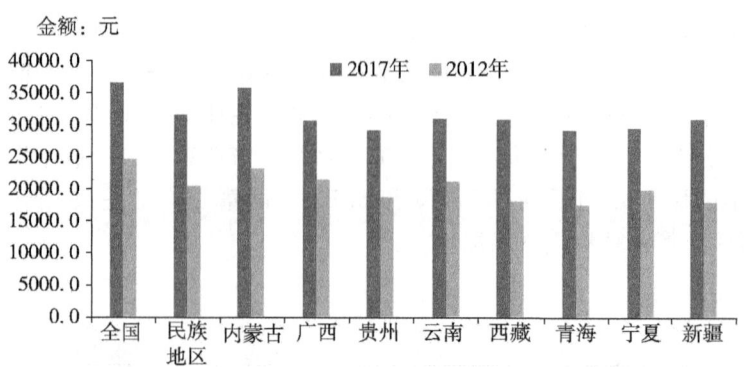

图 4　民族地区城镇居民人均可支配收入变化图

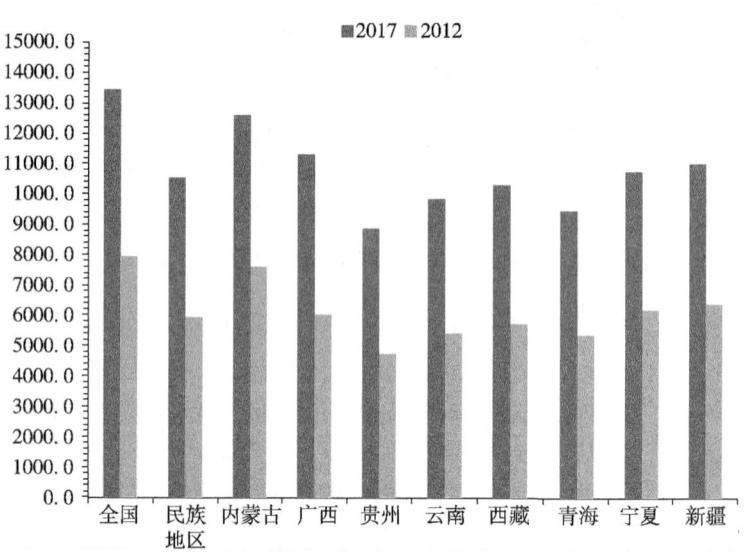

图 5　民族地区农村居民人均可支配收入变化图

（二）民生改善多措并举

民族地区民生工程稳步推进。各省区开展棚户区和城镇老旧小区改造，实施开展城镇保障性安居工程、农村危房改造和抗震安居工程，解决城乡群众住房难问题。2017年，民族地区实施棚户区住房改造开工136万套，占全国比重约为22%；农村危房改造近83万套，占全国比重约为43%。关注饮水安全，大力实施农村饮水安全巩固提升工程、城乡供水设施等建设，解决民族地区672万人农村居民饮水安全问题。发力扶贫攻坚，各地注重扶贫攻坚体制、机制建设，加大脱贫攻坚力度并颁布多项措施，在脱贫攻坚实践中探索出具有特色的脱贫攻坚路子。各地制定出台了"1+N"政策支撑体系，立足精准实用，因地制宜推进脱贫攻坚工作，2017年，民族地区380万农村贫困人口实现脱贫。聚焦就业增收，开展劳动者培训，促进高校毕业生等青年群体、返乡农民工等重点人群和贫困地区劳动力转移人员多渠道就业、创业；大力扶持创业带动就业，提高居民收入和民族地区城镇化水平，民族自治地方①城镇人口占比从2000年的31.4%提升至2016年的42.2%。2017年，民族地区新增城镇就业263万人，占全国比重近20%。

（三）产业升级取得成效

民族地区以供给侧结构性改革为主线，培育、壮大新动能，推动产业结构优化升级，推进"三去一降一补"。去产能方面，据不完全统计，2017年，民族地区退出过剩煤炭产能4862万吨，过剩钢铁产能231万吨，取缔地条钢1984.7万吨，占全国比重分别约为32%、4.6%、14%。去库存方面，分类调控、因地施策，优化供需结构，多省区开展培育住房租赁试点，促进房地产持续、健康发展，广西、宁夏鼓励有条件的农民进城购房，其待售商品房库存面积分别下降8.6%、16.9%。去杠杆方面，内蒙古、云南开展综合治理，严格规范政府举债融资，严控各类债务风险。降成本方

---

① 民族自治地方指全国5个自治区、30个自治州、120个自治县。

面,广西落实营改增等减税降费政策,累计减免税费 1900 多亿元;宁夏出台"降成本 30 条",累计降低实体经济成本 85 亿元;云南为企业减负 900 亿元。加快新旧动能转换,发展数字经济,推动互联网、大数据、人工智能与实体经济深度融合,并以此为载体发展技术服务、物流、金融、旅游、健康养老等现代服务业。内蒙古的稀土化合物产能、云计算服务器承载能力居全国第一;广西实施包括制糖、粮食、新能源汽车、石墨烯在内的 28 项重大科技专项,经济增长的科技进步贡献率达 50.5%;贵州借助大数据实现创新发展弯道取直、后发赶超,"云上贵州"成为国家电子政务云数据中心体系南方节点,大数据成为世界认识贵州的新名片;青海高技术产业和装备制造业增速分别达到 21% 和 16%;新疆完善科技创新和成果转化激励机制,战略性新兴产业增加值增长 9.2%,高技术制造业增加值增长 38.8%。

(四)发展能力持续加强

民族地区交通网络不断完善,科技创新水平和对外开放水平不断提高。重交通,强基础,建设便捷、快速、体系化的现代交通,主动融入国内经济循环,为经济发展创造更多机会。公路交通不断发展,高速和一级公路总里程快速增长,民族地区公路总里程超过 112 万千米,占全国比重达 23%。沪昆高铁、西安—西宁高铁、兰新高铁的开通使云南、青海、新疆进入高铁时代,京新高速的全线贯通使新疆新增通往内地的第二条高速公路。新疆乌鲁木齐机场、云南昆明长水国际机场分别成为全国五大枢纽机场之一和旅客吞吐量排名前六的机场,支撑民族地区发展的现代立体交通网络逐步形成。重学科、强创新,抓住国家"双一流"大学建设的机遇,培育具有地域特色的优势学科,为科技创新奠定了基础,新疆大学和云南大学入选世界一流大学建设名单;内蒙古大学生物学、西藏大学生态学等 11 个学科入选世界一流学科建设名单;内蒙古与科技部共建草原家畜繁育国家重点实验室获批,实现内蒙古省部共建国家重点实验室零突破;贵州获批建设3个国家重点实验室、2个工程技术研究中心,建成贵州科学城。加大开放力度,把握"一带一路"建设机遇,充分利用国外市场和资源,与周边国家开展经贸合作。2017年,民族地区中有7个省区进出口增长超过15.0%,其中内蒙古与蒙古国、俄罗斯贸易额占内蒙古贸易总额的49.9%,广西、云南与东盟贸易额分别占各自贸易总额的49.0%和56.0%。通过稳步建设经济走廊和合作网络,依托跨国铁路,提升外贸数量和质量,重点开发开放试验区、综合保税区,贸易便利化和通关一体化水平持续提升。

(五)深化改革有序推进

2017年,民族地区经济发展环境不断优化,经济治理能力持续提高,市场主体的活力与积极性不断激发。各省区以"放管服"(简政放权、放管结合、优化服务)为中心,简化行政管理层级与程序,取消、下放、调整行政审批事项和管理权限。广西取消、下放和调整行政审批事项2064项,率先推行"多证合一、一照一码"商事登记模式;贵州出台《关于支持民族自治县和民族乡加快发展若干政策措施的意见》,向3个自治州下放管理权限30项,向贵安新区等国家级开放创新平台下放管理权限138项,省市县乡实现行政事务"一张网";宁夏建成全区政务大数据平台,取消各类证照81项,"不见面、马上办"政务服务事项达62.7%;新疆取消和调整自治区本级行政审批事项817项,取消、停征和免征涉企收费项目254项,实现"十二证合一",成为国内的能源综合改革试点省区和首批绿色金融改革创新试验区。充分发挥政府的引导作用,找准政策的发力点和着力点,撬动市场,促进经济发展。内蒙古发挥财政资金的引导作用,围绕高新技术产业发展,形成多元投入机制,通过高质量建设一批"双创"示范基地和"众创空间",孵化、培育创新型小微企业,完善科技成果转化服务体系;云南全面推开省以下财政事权和支出责任划分改革，盘活财政存量资金128.4亿元；广西、云南、宁夏均出台多条降成本的政策，降低制度性交易、税费和要素成本，清理、规范涉企收费和垄断性中介服务，并落实营改增等减税降费政策，为企业大幅降低成本。创新监管方式，优化政务服务，推动经济工作由"抓项目"向"抓质量"和"抓环境"改变。

（六）生态保护成效显著

留住绿水青山，做好生态屏障，探索环境保护，贡献智慧模式，推动生态环境建设，是民族地区为"美丽中国"建设做出的独特贡献。建制度、守底线，用制度的笼子管住破坏生态环境的陋习，建立垂直有序的环境保护制度。内蒙古建立生态文明考核办法和绿色发展指标体系；广西严格执行大气、水、土壤污染防治三个"十条"；云南实现省级环境保护督察州市全覆盖；青海试点三江源国家公园和祁连山国家公园体制；宁夏出台"生态立区28条"；新疆严格执行能源、矿产资源开发自治区政府"一支笔"审批、环境保护"一票否决"制度。用行动护生态，通过退耕还林、巩固天然林保护、禁牧封育、防沙治沙、治理污染源，加快实施煤改气、气改电等措施，有效提高了森林覆盖率和草原植被覆盖，减少了荒漠化和沙化土地面积，保护了典型生态系统和重要物种。贵州、云南森林覆盖率分别达到55.3%和59.7%；青海湿地面积跃居全国首位，三江源头重现千湖美景；云南西双版纳、石林成为第一批国家生态文明建设示范市县，昆明、普洱、临沧获得"国家森林城市"称号；新疆天山成功申报世界自然遗产，可可托海进入世界地质公园行列，实现新疆世界自然遗产和世界地质公园零的突破，民族地区形成了一批可推广、可复制的经验。

二、民族地区经济发展面临的主要挑战

(一) 民族地区仍是脱贫攻坚重点地区

目前，全国贫困人口的1/3、近一半的深度贫困村、14个集中连片特困地区的11个，以及深度贫困地区的"三区三州"都在民族地区。总的看，民族地区贫困面大、贫困程度深，困难群众多、群众困难多。民族地区贫困问题依然严峻。截止到2017年年底，民族地区农村贫困人口为1032万人，占全国农村贫困人口的比例为33.9%。民族地区农村贫困发生率为6.8%，较上年下降2.5个百分点，较全国平均水平高3.7个百分点。深度贫困问题凸显，民族地区有深度贫困县162个，占全国深度贫困县总数的48.5%。脱贫成本高，脱贫成果巩固难，基础设施差，产业结构调整步伐慢，贫困人口能力素质弱，稳定脱贫的能力建设不足。受文化、观念、地理等因素影响，一些地区的群众市场意识薄弱，旧俗尚存，脱贫意识不强，改变落后传统习惯更是一场深刻、艰巨的革命。

(二) 与发达地区经济差距明显且城乡差距较大

东西部发展差距拉大是我国发展不平衡的一大短板，民族地区发展相对滞后是我国发展不充分的集中体现。近年来，民族地区经济发展势头加快，多项经济指标保持快速增长，但由于基数小，从绝对量上来看与全国的差距还在拉大。2017年，民族地区生产总值仅占全国加总的9.9%，较上年回落0.3个百分点。民族地区城镇、农村居民人均可支配收入分别比全国平均水平低4843元和2990元。近年来，民族地区经济发展迅速，人民生活显著改善，城镇、农村居民可支配收入比从2000年的3.3倍下降到2017年的2.9倍，城镇、农村居民人均消费支出比从2000年的3.3倍下降到

2017年的2.3倍，尽管比率下降速度快于同期全国水平，但绝对数的差距仍在不断拉大。同时，民族地区间的经济发展差距也在加大，2017年，民族地区生产总值、固定资产投资、规模以上工业增加值增速最高省份和最低省份间分别相差6.2、31和11.1个百分点；城镇和农村居民人均可支配收入最高省份和最低省份间分别相差1.2和1.4倍，民族地区发展不平衡、不充分的问题比较突出。此外，民族地区城乡公共服务、医疗、教育等资源与全国差距依然很大，8个省区中仅有2个农村每千人口卫生技术人员和执业医师人数高于全国平均水平。

（三）产业结构有待继续调整升级

当前，民族地区经济发展仍然以资源型经济为主（煤、重金属等矿产资源及原材料），产业结构比较单一，新兴产业成长虽快，但对经济增长贡献较小，尚未成为主导力量。民族地区三次产业增加值占GDP比重分别为13.2%、41.3%、45.5%，其中第一产业和第二产业增加值占比分别高于全国5.3和0.9个百分点，而第三产业低于全国6.2个百分点。民族地区工业多处于起步阶段，当前，实体经济面临多重困难，2017年民族地区中有6个省区第二产业增加值增速较上年有所下滑。民族地区固定资产投资仅占全国的13%左右，而固定资产投资占生产总值的比重达104.5%，远高于全国平均水平的76%，投资依旧是拉动民族地区增长的主要动力，而民族地区社会消费品零售总额占全国比重仅为8.5%左右，明显低于生产总值和固定资产投资占全国比重，消费需求亟待提升。在原材料和物流成本增加的形势下，经济下行压力较大，企业效益明显下滑。同时，民族地区工业面临着有效供给、高端供给以及绿色发展和工业清洁生产的要求，要兼顾速度与质量，发展压力较大。目前实体经济经营成本偏高，企业成本仍呈上涨趋势，而去产能、去库存、去杠杆仍以行政手段为主，运用市场化法治化手段不多，依靠市场出清的长效机制还未形成。

三、2018年加快民族地区经济发展的建议

2018年是改革开放40周年,是决胜全面建成小康社会、实施"十三五"规划承上启下的关键一年。民族地区要深入学习贯彻习近平新时代中国特色社会主义思想和党的十九大精神,以增强自我发展能力、提升公共服务水平为重点,以完善体制机制和扶持政策为保障,着力建设现代化经济体系,努力实现更高质量、更有效率、更加公平、更可持续的发展,为促进各民族共同团结奋斗、共同繁荣发展,铸牢中华民族共同体意识,提供强大保障和支持。

(一)持续聚焦精准发力,打好民族地区脱贫攻坚战

习近平总书记在大凉山视察调研时指出:"全面建成小康社会一个民族、一个家庭、一个人都不能少。"当前,脱贫攻坚已经到了啃硬骨头、攻城拔寨的冲刺阶段。民族地区要坚定不移地贯彻落实习近平总书记扶贫开发战略和党中央、国务院关于脱贫攻坚的重大决策部署,把推动少数民族脱贫攻坚作为民族经济工作的首要任务来抓,聚焦特困地区和特困群体,打好精准脱贫攻坚战。要继续深入研究深度贫困民族地区脱贫攻坚面临的新情况、新问题,实施精准扶贫、精准脱贫基本方略,以深度贫困地区脱贫攻坚为重点,着力强化任务落实,采取超常规举措,拿出过硬办法,聚焦精准发力,实施好农村危房改造、农村饮水安全等工程建设。结合实施乡村振兴战略,深入贯彻落实《"十三五"促进民族地区和人口较少民族发展规划》《兴边富民行动"十三五"规划》。引导贫困地区各族群众破除"等靠要"的观念,注重激发贫困地区和贫困群众脱贫致富的内在活力,结合深度贫困民族地区实际,汇聚资源、集中优势,提高贫困地区和贫困群众自我发展能力。抓住国家推动区域

协调发展的重大机遇,加大政策倾斜和扶贫资金整合力度,持续推动解决"三区三州"发展中的重大问题。

(二) 加强对内对外开放力度,在大市场中争取资源、彰显优势

习近平总书记在党的十九大报告中作出了我国社会主要矛盾转变的重大判断,明确提出要解决好发展不平衡、不充分问题。要拓展民族地区与东部发达地区之间的交流合作,主动接受京津冀、长江经济带、珠三角等区域的辐射带动,延长、扩展、补齐产业链条,促进区域间形成更加合理的产业分工格局,不断扩大对内开放。在承接东部地区加工贸易产业的同时,不断加强民族地区之间的互观、互学、互助,鼓励和支持企业进行自主创新和品牌建设,提升创新能力,培育壮大民族地区特色优势产业,在项目引进、资金落实等方面为企业提供便捷服务和优惠政策。推动区域间协调发展,通过城乡一体化和少数民族特色村镇建设,切实增强城乡发展动力。建设"双创"示范基地,制定政策吸引企业、实施高端人才计划。充分发挥民族地区的区位优势,深化与"一带一路"沿线国家合作,加大对外开放力度,推动形成民族地区全面开放新格局。

(三) 转变发展方式,推动经济高质量发展

习近平总书记在 2017 年中央经济工作会议上指出:"中国经济发展进入了新时代,已由高速增长阶段转向高质量发展阶段。"为推动民族地区经济高质量发展,解决发展中不平衡、不充分的问题,需要以供给侧改革为主线,转变经济发展方式,优化经济结构,大力培育新动能,促进经济高质量发展。深化传统产业转型升级,加快构建现代化工业体系,延伸产业链,提高产品附加值,鼓励企业研发和生产高端产品,提高市场竞争力。加快大数据与实体经济、信息化与工业化深度融合,提升产业竞争力。抓好"三去一

降一补"（去产能、去库存、去杠杆、降成本、补短板），大力破除无效供给，统筹做好煤电、建材等行业去产能工作，推进新能源开发利用。加大"僵尸企业"处置力度，列出退出清单，建立健全破产重组机制。加快新兴产业发展，鼓励发展数字经济，推动互联网、大数据、人工智能与实体经济深度融合，培育新的经济增长点。推动现代化服务业创新发展，建设物流、包装、配送等平台，支持现代物流业和农村电商平台建设发展。贯彻绿色发展理念，提升旅游业文化内涵，高质量、高水平发展旅游业。积极发展文化产业、体育产业和电子商务等服务业。深入实施品牌战略，开展质量提升行动，以高标准带动高质量。

第二篇 行业报告

2017年民族地区农（牧）业经济运行及发展趋势分析

2017年，世界经济增长明显回升，大宗农产品价格有所上涨。国内经济以供给侧结构性改革为主线，统筹推进稳增长、促改革、调结构、惠民生、防风险各项工作。民族地区各部门深入贯彻落实党的十九大精神，组织实施《关于深入推进农业供给侧结构性改革加快培育农业农村发展新动能的若干意见》《关于建立粮食生产功能区和重要农产品生产保护区的指导意见》，积极推进地区农业供给侧结构性改革和农村一二三产业融合发展，有效提高农牧民收入，着实改善农村民生，消除农村贫困人口，在实现乡村振兴的道路上迈出了坚实的一步。

一、2017年民族地区农牧业发展的基本情况

（一）农牧业产值持续增加

2017年，民族地区的第一产业增加值合计11200亿元，占全国第一产业增加总值的17%。同比增长5.1%，增幅高于全国第一产业增加值增幅1.2个百分点。民族地区连续三年的第一产业增加值同比增幅超过全国平均水平，但与上一年7.0%的增幅相比，2017年增幅出现较大回落，增幅低于上一年1.9个百分点。

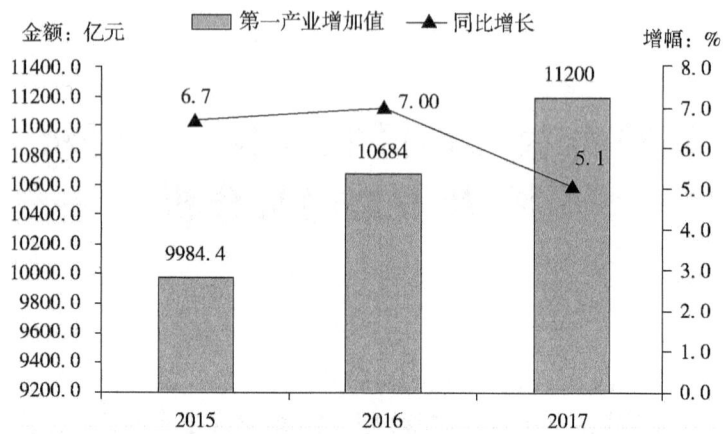

图 1 民族地区"十三五"期间第一产业增加值变化及增幅

2017年,第一产业增加值最大的是广西,为 2906.9 亿元;其次是云南,为 2310.7 亿元。位列民族地区最后两位的分别是青海和西藏,仅相当于贵州省的 9%。从增幅上看,贵州实现了 6.7%的增长,位列民族地区之首,也是全国增长最快的省份。第一产业增加值增幅最慢的是内蒙古,同比增幅低于全国平均水平 0.2 个百分点,仅为 3.7%。

表 1 民族地区 2016—2017 年第一产业增加值统计表

	2016 年第一产业增加值(亿元)	2017 年第一产业增加值(亿元)	同比增长(%)
内蒙古	1628.7	1647.2	3.7
广西	2798.6	2906.9	4.1
贵州	1846.5	2020.8	6.7
云南	2195	2310.7	6.0
西藏	105	122.8	4.3
青海	221.2	238.4	4.9

续表

	2016年第一产业增加值（亿元）	2017年第一产业增加值（亿元）	同比增长（%）
宁夏	240	261.1	4.3
新疆	1649	1691.6	5.6
民族地区	10684	11200	5.1
全国	63671	65468	3.9

资料来源：中国国家统计局网站数据库。

（二）主要农牧业产品产量稳定

表2 民族地区主要农牧业产品产量与增幅

	2016年产量（万吨）	2017年产量（万吨）	同比增长（%）
粮食产量	9657.7	9363.8	-3.0
经济作物：油料	583.1	603.2	3.4
棉花	420	456.6	8.7
畜禽产品：肉类	1478.6	1513.3	2.3
牛奶	1101.8	1105.9	0.4

资料来源：根据各省区2016年和2017年统计公报数据整理。

粮食作物①产量稳中有降。2017年，民族地区的粮食产量为9363.8万吨，同比下降3.0%，粮食产量占全国总产量的15.2%。新疆、云南、西藏三省区的粮食产量同比增长分别为4.3%、1.4%、0.8%，而其他五省区粮食产量出现同比下降，广西、青海、贵州、宁夏、内蒙古同比分别下降3.5%、2.6%、1.2%、0.6%、0.4%。2017年，内蒙古粮食产量达到2768.4万吨，继续

---

① 粮食作物包括谷类作物、薯类作物和豆类作物。

位列民族地区之首,其次是云南和广西,分别达到1929.5万吨和1467.7万吨。粮食产量最少的是青海和西藏,分别只有103.2万吨和100.71万吨。

经济作物①产量显著增长。2017年,民族地区经济作物产量和产品种类较上一年呈现显著增长之势。其中油料作物总产量603.2万吨,约占全国油料总产量的16.2%,同比增长3.4%。民族地区中油料作物产量最大的是内蒙古,产量达到222.07万吨。广西是民族地区以及全国糖料作物产量最大的省份,2017年,糖料作物产量达到7611.7万吨,约占全国总产量的60.6%。新疆是我国最大的棉花种植基地,2017年棉花产量456.6万吨,约占全国总产量的83.2%,同比增长8.7%,创造了近5年来的最大增幅。2017年,民族地区其他特色经济作物产量也有不同程度的增长。如云南的花卉、茶叶、咖啡豆、中药材、橡胶产量分别同比增长5%、3.2%、6.62%、2.4%、8%。宁夏的红枣产量10.4万吨,同比增长24.7%;枸杞产量11.6万吨,同比增长11.3%。贵州的中药材产量50.58万吨,同比增长17.5%。

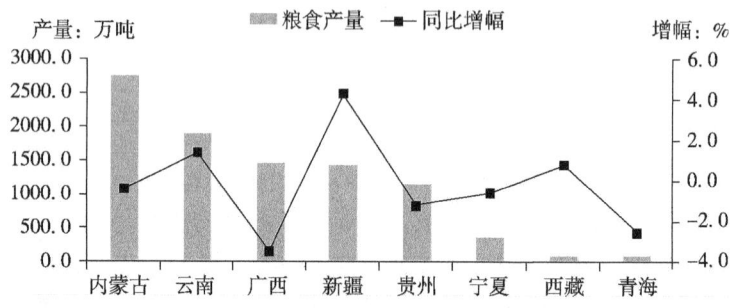

图2 民族地区2017年粮食产量及同比增幅

---

① 经济作物又称技术作物、工业原料作物,指具有某种特定经济用途的农作物。广义的经济作物还包括蔬菜、瓜果、花卉等园艺作物。

畜禽产品产量稳中有升。2017年，民族地区肉类产品总产量1513.3万吨，约占全国肉类总产量的18%，同比增长2.3%。其中广西以403.8万吨的肉类总产量位居民族地区之首，同比增长1.1%。青海的肉类产量实现了6.4%的同比增长，增幅位列民族地区之首。民族地区的牛奶产量达到1105.9万吨，约占全国牛奶总产量的31.2%，同比增长0.3%。民族地区中，内蒙古为牛奶产量最大的省区，2017年达到693万吨，同比下降5.6%。与此同时，西藏、宁夏两个自治区的牛奶产量同比增长11.5%和9.9%，青海成为民族地区中仅次于内蒙古、新疆的第三大牛奶生产大省。

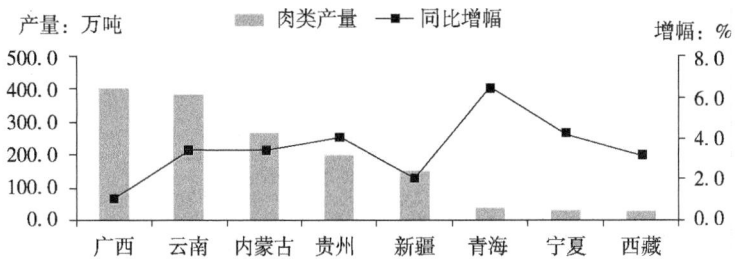

图3 民族地区2016—2017年肉类产量及同比增幅

（三）农业供给侧改革深入推进

2017年，民族地区认真落实党中央"加强农业供给侧结构性改革，提高农业供给体系质量和效率"的重要部署，积极调整农业内部种植结构，成效明显，实现了稳定粮食产能与结构调整双赢。2017年，民族地区的粮食作物面积合计1694.1万公顷，经济作物播种面积1639.7万公顷，粮经作物种植面积比达到51：49，从而使得民族地区的农业内部结构更趋合理，一大批的地方特色农产品得以大幅增产。目前，广西、贵州、西藏、新疆四省区的经济作物种植面积已经超过粮食作物种植面积，内蒙古、云南、青海、宁夏四省区的经济作物种植面积也占到40%左右。

从表4可见,民族地区在2017年的牧业产值同比增长只有1.8%,为农林牧渔四项中增长最慢的,其次是种植业,同比增长4.7%。而林业产值在2017年同比增长11.0%,渔业产值同比增长8.4%。其中贵州、云南、青海、西藏的林业产值同比增长分别达到16.2%、15.6%、9.2%、9.2%,显示出上述地区在综合利用森林资源、发展林业经济方面取得了巨大进步。云南、宁夏的渔业产值在2017年分别同比增长16.5%、13.0%,显示出两地区在发展渔业经济方面步伐较大。农林牧渔产值结构的变化表明民族地区在优化本省区农业生产结构方面做出了新的尝试,并取得了一定的经济效益。

表3 民族地区2017年农业种植结构调整统计表

	粮食作物播种面积(万公顷)	同比变动(%)	经济作物播种面积(万公顷)	同比变动(%)	粮经面积比
内蒙古	575.8	-0.5	222.5	4.1	72:28
广西	297.6	-1.6	423	7.5	42:58
贵州	212.7	-5.6	347	4.5	38:62
云南	305.1	-4.4	221.1	13.3	58:42
西藏	18.3	2.3	25.8	2	42:58
青海	27.8	-0.8	18.7	5.3	60:40
宁夏	27.9	-0.8	23.7	4.2	55:45
新疆	228.9	-4.7	357.9	3.6	40:60
合计	1694.1	——	1639.7	——	51:49

资料来源:根据各省区2017年统计公报及《中国农村统计年鉴(2016)》数据整理。

表4 民族地区2017年农林牧渔产值结构统计表

	种植业		林业		牧业		渔业	
	产值(亿元)	同比变动(%)	产值(亿元)	同比变动(%)	产值(亿元)	同比变动(%)	产值(亿元)	同比变动(%)
内蒙古	1380.6	-2.4	98.7	0.0	1257.9	4.6	31.2	-5.4
广西	2546.2	8.4	346.4	7.1	1136.2	-10.3	500.3	7.8
贵州	2044.5	8.3	226.6	16.2	885.8	11.1	74.9	8.9
云南	2031.9	4.5	382.1	15.6	1152.7	1.0	109.8	16.5
西藏	55.5	6.2	2.6	9.2	120.9	6.2	0.1	-75.0
青海	162.4	4.4	9.0	9.2	183.0	10.4	3.4	5.8
宁夏	331.0	6.1	10.9	7.7	151.0	14.6	19.2	13.0
新疆	2206.1	2.0	54.3	7.9	685.3	4.9	23.2	4.7
合计	10758.2	4.7	1130.6	11.0	5572.8	1.8	762.1	8.4

资料来源：中国国家统计局网站数据库。

（四）农村居民生活水平稳步提高

2017年，民族地区农村居民人均可支配收入10527元，较上年增加9.2%。民族地区的农村居民可支配收入低于全国平均水平2905元，但增速超过全国平均水平0.6个百分点。分省区来看，内蒙古农村居民以12584元的人均可支配收入位列民族地区首位，与全国平均水平仅相差848元；而贵州农村居民人均可支配收入仅为8869元，增速在民族地区中位列第二位，但收入水平仍然为民族地区最低。2017年，农村居民人均可支配收入增长最快的是西藏，增速为13.6%，增速最慢的是内蒙古，为8.4%。

表5　民族地区2017年农村居民人均可支配收入及消费支出统计表

	农村居民人均支配收入（元）	同比增长（%）	农村居民人均消费支出（元）	同比增长（%）
内蒙古	12584	8.4	12184	6.3
广西	11325	9.3	9437	13
贵州	8869	9.6	8299	10.2
云南	9862.2	9.3	8027.3	9.4
西藏	10330	13.6	6691	10.2
青海	9462	9.2	9903	7.4
宁夏	10738	9	9982.1	9.2
新疆	11045	8.5	8713	5.3
民族地区	10527	9.2	9354.6	8.8
全国	13432	8.6	10955	8.1

数据来源：中国国家统计局网站数据库。

2017年，民族地区农村居民人均消费支出9354.6元，低于全国平均水平1600.4元，但是8.8%的增速仍高于全国平均水平0.7个百分点。内蒙古以12184元继续位列首位，同时也是唯一农村居民消费支出超过全国平均水平的省区。西藏以6691元继续位列末位。2017年，民族地区消费支出增长最快的省区是广西，达到13%，而新疆以5.3%的增速位列末位。

表6　民族地区农村贫困发生率统计表　　　　　单位:%

	2016年	2017年	降幅
内蒙古	3.9	2.7	1.2
广西	7.9	5.7	2.2
贵州	11.6	8.5	3.1

续表

	2016年	2017年	降幅
云南	10.1	7.5	2.6
西藏	13.2	7.9	5.3
青海	8.1	6.0	2.1
宁夏	7.1	4.5	2.6
新疆	12.8	9.9	2.9
全国	4.5	3.1	1.4

资料来源：《中国农村贫困监测报告（2017）》《国家统计局全国住户收支与生活状况调查》。

我国扶贫的最低目标是使贫困人口达到"两不愁，三保障"，贫困发生率的降低反映了贫困居民的生活水平得以提升。从贫困发生率来看，民族地区在"十三五"时期农村扶贫开发成绩非常显著，从贫困发生率降幅来看，西藏、贵州、新疆三省区的降幅最为明显，分别较上年下降了5.3%、3.1%、2.9%。目前民族地区中，贫困发生率最低的是内蒙古，已经低于全国平均水平；而其他省区的贫困发生率依然远远高于全国平均水平，其中新疆、贵州两省区的贫困发生率依然在8%以上，是我国扶贫攻坚中的"硬骨头"。

（五）农产品品质不断提高

民族地区依托自身的资源优势、生态优势，在农产品安全方面取得巨大进步，积极推动"三品一标"（无公害农产品、绿色食品、有机农产品和农产品地理标志）建设。在"三品一标"的产品数量、生产企业数量、种植面积等方面均有显著提高，实现了环境良好、生态稳定、产品安全的有机统一，达到了农业增效、农民增收、农村增绿的"三生共赢"效果。截至2017年年底，民族地区共有农业部登记的"三品一标"产品约10800个，占我国"三品一标"产品总数的1/10。其中，内蒙古、云南、贵州、广西四省区的产品认证数、产品种养数量、产值等位居民族地区前列。

内蒙古"三品一标"用标企业939家，产品总数达到2643个，总产量1148.74万吨，产品数量和产量均比上年增长30%以上，质量安全监测合格率稳定在99%以上。2017年，广西全区无公害农产品、绿色食品、有机农产品和农产品地理标志同比有较大增长，实现了"三个一千"：全区种植业获农业部"三品一标"产品总数达1263个，比上年增长33.93%；"三品一标"面积1416万亩，比上年增长6.87%；产量1372万吨，比上年增长6.27%；产值548.8亿元，比上年增长6.27%。产品个数、面积、产量、产值均创历史新高。"百色芒果"和"桂平西山茶"两个农产品地理标志产品正式获得中国政府与欧盟互认，上升为国家级的农产品。贵州有机农业生产面积达165万亩，位列全国第三位；有机产品年产量达80万吨，产值570亿元；从事有机生产组织369家，带动农户70余万户，取得有机产品认证证书980张，位列全国第三位[①]。贵州"三品"产地认定面积达3496.3万亩，占6828万亩耕地面积的51.2%。云南"三品一标"有效用标认证登记产品2061个，其中无公害产品1119个、绿色食品787个、有机食品51个、农产品地理标志保护产品认证76个。"普洱咖啡"通过农业部推荐，作为农产品地理标志产品进入中欧互认产品谈判目录。截至2017年，新疆有效期内"三品一标"产品达1300个，认定无公害农产品产地181个、368.02万亩，创建全国绿色食品原料标准化生产基地80个、1170万亩，创建全国有机农业示范基地1个、3万亩，产品抽检合格率100%。"精河枸杞"作为新疆特色农产品已进入欧洲、北美有机农产品市场。

---

① 彭婷婷：《全力打造有机农业"贵州品牌"》，载《贵州日报》，2017年11月6日。

(六) 特色农牧业异彩绽放

民族地区生物资源优势较为突出，根据《特色农产品区域布局规划 (2013—2020 年)》，我国现阶段重点发展 10 类共计 144 个的特色农产品中，民族地区具有 50% 以上的种类。多种农产品产量在全国名列前茅。近年来，民族地区大力发展特色农产品的规模化、标准化、生态化的种养殖和加工，不但培育出一大批知名、特色农产品品牌，提高了农产品的附加价值，还在产业扶贫中起到了非常重要的作用。

2017 年，贵州坚定不移走现代山地特色高效农业发展之路，茶叶、辣椒、火龙果、刺梨、薏仁等种植规模居全国第一位，马铃薯、蓝莓种植规模分别位居全国第二和第四位，蔬菜种植面积居全国第七位，初步建成面向国内外市场，特别是珠三角市场的"菜篮子"基地。[①] 贵州省把产业扶贫作为脱贫攻坚的重要举措来抓，重点推进蔬菜、茶叶、生态家禽、食用菌和"一县一业"等特色优势产业发展。其中，生态家禽、蔬菜、茶叶、食用菌四大农业产业带动 83.5 万贫困人口发展。云南按照"一乡一品、一村一策"产业发展方案，因地制宜，在海拔 800 米以下河谷带，带动发展热区果蔬、花卉等产业；在海拔 800~1600 米半山区，带动发展高原果蔬、梯田红米、特色养殖等产业；在海拔 1600 米以上高山区，带动发展经济林果、林下经济和山地畜牧业。云南高原特色农业项目使 55 万移民直接受益，辐射受益农民群众 400 多万人。[②] 云南省普洱市已经成为我国面积最大、产量最高、品质最优的咖啡主产区和贸易集散中心。宁夏聚焦优质粮食、草畜、蔬菜、枸杞、葡萄酒等

[①] 陈毓钊：《贵州：2017 年四大农业产业带动 83.5 万贫困人口发展》，载《贵州日报》，2018 年 1 月 7 日。

[②] 左旭东：《高原特色农业助力云南 55 万移民走上致富路》，载《农民日报》，2017 年 6 月 5 日。

特色产业,累计培育各类特色优质农业品牌 300 多个,"生态、绿色、有机、富硒"已成为宁夏农产品独有品牌特色,农业特色优势产业产值已占农业总产值的 87%①。

(七) 产业融合发展亮点纷呈

农村一、二、三产业融合发展具体表现为农牧业与工业、农牧业与服务业的交融发展不断加深。民族地区近年来积极探索农村一、二、三产业融合发展的具体形式,成绩斐然。

内蒙古巴彦淖尔市五原县 2016 年被列入全国农村产业融合发展试点示范县,建设了农村产业融合发展示范园,由特色种植、光伏发电、科技示范、加工流通、综合服务、文化旅游 6 个功能区组成,实现了一、二、三产业集群化发展,年产值 8.5 亿元,参与园区经营的农民人均可支配收入达到 2 万元,高出该县平均水平 32%。② 2017 年,广西累计建立农家乐近 4800 个,乡村旅游点 1320 多个,规模休闲农业园 756 个,年接待游客 6300 多万人次,产业总收入 230 亿元,同比增长 20% 左右。③ 目前,广西累计创建国家级休闲农业与乡村旅游示范县 11 个、示范点 22 个,中国美丽休闲乡村 18 个、中国美丽田园 8 个、全国休闲农业星级企业 69 家、广西休闲农业与乡村旅游示范点 113 个。贵州省于 2013 年启动高效农业示范园区建设,目前,省级农业示范园区发展到 385 个,从业农民 502 万人,园区从单纯发展种养拓展出农产品加工、仓储物流、休闲旅游等二、三产业,成为农村一、二、三产业融合发展的主平台、主载体。西藏昌都市大力实施"五大养殖基地"和

---

① 张文超:《宁夏:小省区走出特色农业发展之路》,载《新华网》,2018 年 3 月 15 日。
② 内蒙古新闻网,2017 年 9 月 21 日。
③ 陈静:《田园美景也生金——提升广西农产颜值》,载《广西日报》,2018 年 4 月 11 日。

"七大种植基地"建设,积极推行"公司+基地+农(牧)户""基地+专合组织+市场"和农牧业特色产业与二、三产业融合发展等模式,具有昌都特色的饮料、酒业、林下资源和卡若香猪、红拉香鸡、类乌齐藏香牦牛肉等100多种产品经过深加工进入市场。截至2017年年底,青海省通过农业部认定的全国休闲农业和乡村旅游示范县上升到8个,各类休闲农牧业经营主体达2535家,带动了3.2万人实现创业,直接收入达13亿元。[①] 2017年,宁夏回族自治区畜禽规模养殖场达到10万多个,其中牧区家庭牧场已发展到3.5万个,畜禽整体规模化率达到68.2%,养殖方式发生重大转变,推动了种养加工结合一体化发展。[②]

(八)智慧农业初见端倪

近年来,随着大数据、云计算、物联网等新一代信息技术与农业的不断融合,"互联网+"已成为农业发展的新引擎,不仅推动了农业发展方式的有效转变,也培育和催生了农业发展的新动力,对现代农业的发展起到了有力的支撑和引领作用。大数据与农业深度融合可以有效推进农业生产管理精准化,推进农产品质量安全可追溯,推进农业市场销售网络化。

《贵州省大数据助推农业产业脱贫攻坚行动方案(2017—2019)》提出,以食用菌、茶叶、蔬菜、生态家禽、中草药等五大特色优势产业作为突破口,兼顾冷链物流体系,最终构建覆盖农业全领域、全产业链的大数据平台,实现农情感知实时化、农业生产智能化、农产品销售网络化、农业监管科学化、农业服务精准化五大目标,解决"生产难、销售难、监管难"的产业痛点。2017年

[①] 芳旭:《休闲农业让青海农户挣了13亿元》,载《国际商报》,2018年1月17日。

[②] 李文明:《内蒙古农牧业:"稳""增""扩"协奏》,载《内蒙古日报(汉)》,2018年1月1日。

12月，青海省"互联网+"高原特色智慧农牧业大数据平台在省农牧厅正式启动上线，平台与42个已有农牧业信息系统完成数据对接，实现了种植业、畜牧业、渔业、草原等板块1755家生产主体GPS定位上图。新疆阿克苏地区"互联网+农业"迅速发展，整合了"互联网+政务""互联网+农产品质量安全""互联网+援疆""互联网+电子商务"等多项应用，农民增收渠道不断拓宽。

二、民族地区农牧业发展的主要问题

（一）农业现代化程度相对较低

根据学者们对我国省际农业现代化水平的评测结果[①]，民族地区的农业现代化水平处于相对落后的状态。省际农业现代化水平主要参照农业部对国家现代农业示范区建设水平的监测、评价办法，从农业生产现代化、农业经营现代化、农业社会现代化、农业产出现代化、农业生态现代化等5个方面进行综合测评，利用2015年各省份农业统计数据进行评价。评测结果显示，我国整体农业现代化指数为66.3分，距离基本实现农业现代化的75分尚有较大距离。民族地区的综合及分项排名如表7所示。[②]

[①] 杜宇能等：《中国分地区农业现代化发展程度评价——基于各省份农业统计数据》，载《农业技术经济》，2018（3）。

[②] 西藏自治区由于数据缺失较多未被评测。

表7 2015年民族地区农业现代化全国排名情况统计表

	农业现代化	农业生产	农业经营	农业社会	农业产出	农业生态
内蒙古	21	14	20	16	8	29
广西	24	24	22	25	17	22
贵州	30	29	29	30	16	25
云南	28	30	27	30	31	27
青海	29	28	28	28	26	26
宁夏	26	23	25	23	23	30
新疆	14	13	26	20	1	1

资料来源：杜宇能等：《中国分地区农业现代化发展程度评价——基于各省份农业统计数据》，载《农业技术经济》，2018（3）。

从表7可见，民族地区中，除新疆农业现代化综合指数居于全国中等水平以外，其他省区均处于中下等水平，名列20名以后。其中，贵州、青海、云南三省区分别位列全国的最后三位。分项来看，民族地区整体落后较多的是农业经营现代化水平和农业社会现代化水平。总体来说，民族地区的农业规模化经营水平、农业标准化水平、农业产业化水平、社会化服务水平相对落后，农村社会发展和农民生活质量落后。此外，反映农业生态现代化水平的水资源利用水平、水土保持水平、水土流失面积比例、耕地保护水平、能耗水平也是民族地区（新疆除外）农牧业生产的短板所在。

（二）生态环境相对脆弱

民族地区主要分布在我国西北、西南地区。西北地区是我国水土流失和土地荒漠化的重灾区。青海和新疆的森林覆盖率下降到仅剩2.6%和1.7%，宁夏草地退化率为97.3%，同时，位于西北地区的青、宁、甘三省（区）水土流失面积分别占到各自全省（区）

总土地面积的 46%、71% 和 85.7%。新疆沙化面积占全区总面积的 47.7%。青海沙化面积占全省面积的 17.4% 以上。西南地区自然条件的特点是"三多一少",即降水多、山坡地多、石灰岩地多、人均耕地少。2016 年《中国环境状况公报》显示,民族地区大部分的生态环境质量处于一般、较差、差的等级区域。① "一般"的县域主要分布在华北平原、东北平原中西部、内蒙古中部、青藏高原中部和新疆北部等地区,"较差"和"差"的县域主要分布在内蒙古西部、甘肃西北部、青藏高原北部和新疆大部。其中如内蒙古西部、甘肃西北部是我国生态环境质量最差的地区。

脆弱的生态环境不仅会导致农业生产效率偏低,而且会导致农业生产受到自然灾害的影响。2016 年,民族地区农业受灾面积 647.7 万公顷,占全国受灾面积的 24.7%;受灾面积占到农作物总播种面积的 18.7%,超过全国受灾面积占比 3 个百分点。2016 年,内蒙古、宁夏、青海三地受自然灾害影响最为严重,分别占到农作物总播种面积的 45.8%、30.6%、24.1%。可见,目前我国农业受灾影响最为严重的区域还是西北地区。

表 8 民族地区 2016 年农作物受灾面积及占比统计表

	受灾面积 (千公顷)	农作物播种面积 (千公顷)	受灾比例 (%)
内蒙古	3630	7921.6	45.8
广西	301	6145.3	4.9
贵州	331	5596.8	5.9
云南	868	7164.5	12.1

---

① 生态环境指数(Ecological Environment Index)是指反映被评价区域生态环境质量状况的一系列指数的综合。EI≥75 为优;55≤EI<75 为良;35≤EI<55 为一般;20≤EI<35 为较差;EI<20 为差。

续表

	受灾面积（千公顷）	农作物播种面积（千公顷）	受灾比例（%）
西藏	14	257.9	5.4
青海	135	561.3	24.1
宁夏	390	1275.2	30.6
新疆	808	5687.5	14.2
民族地区	6477	34610.1	18.7
全国	26221	166649.5	15.7

资料来源：《中国农村统计年鉴（2016）》。

（三）农业从业人员比重较大

我国民族地区，特别是西北民族地区，人口密度相对较小，但是由于整体经济发展落后于中东部地区，农村人口受教育水平不高等原因，二、三产业对农村劳动力人口的吸收转移程度有限，从而使得我国民族地区的农业从业人员比重高于全国平均水平。根据我国第三次全国农业普查数据，2016年，全国农业从业人员31422万人，常住人口138271万人，农业从业人员占比22.7%。贵州、青海、广西、新疆、内蒙古五省区的农业从业人员占比分别为32.4%、26.1%、25.8%、24.2%、23%，高出全国平均水平。常住人口城镇化率也是反映城乡人口比的重要指标。2016年末，我国常住人口城镇化率为57.4%，民族地区的城镇化率平均为48.0%。民族地区中，仅有内蒙古城镇化率超过了全国平均水平，其他七省区均低于全国平均水平。新疆、广西、云南、贵州、西藏五省区的常住人口城镇化率未达到50%，西藏以29.6%的城镇化率居全国省区最末位。可见，民族地区的农业从业人员比重较大，从而导致人均农业资源匮乏，小农生产方式依旧占有非常重要的地位。

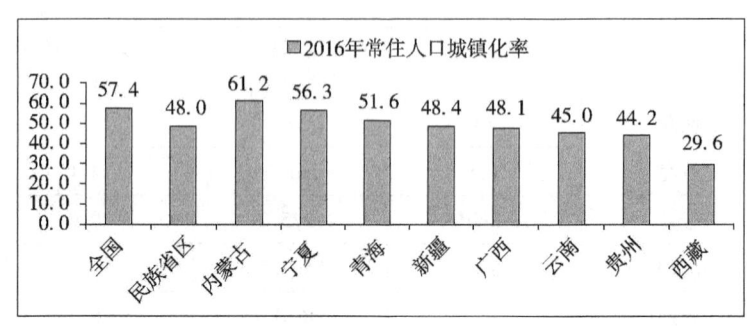

图5　2016年民族地区常住人口城镇化率（%）①

三、民族地区农牧业持续发展的对策建议

民族地区的农牧业发展对于我国经济发展、社会稳定和国土安全起到至关重要的作用。首先，民族地区的广大农村是全面建成小康社会的突出短板，确保当地农业增效、农民增收、农村增绿，是实现各民族同步小康的重中之重。其次，民族地区拥有约占全国总量20%的农作物总播种面积，提供了占全国总量15%左右的粮食产品、25%左右的经济作物产品、20%左右的畜禽产品。民族地区在棉花种植、牛羊等畜产品生产方面几乎占据了全国的半壁江山。再次，民族地区的农牧业发挥着重要的生态保护功能。我国25个重点生态功能区中有近20个位于民族地区，"三北"防护林工程多数位于民族地区。最后，民族地区农牧业还发挥着生物多样性功能。我国有近半数的特色农产品产自于民族地区。2018年的中央一号文件明确提出实施乡村振兴战略，并做了具体部署。因此，必须全面统筹、上下齐心、多方努力、全面落实《中共中央　国务院

---

①　资料来源：中华人民共和国国家统计局：《中国统计年鉴—2016》，北京，中国统计出版社，2016。

关于实施乡村振兴战略的意见》，推进民族地区农牧业的可持续发展，坚持质量兴农、绿色兴农，以农业供给侧结构性改革为主线，加快构建现代农业产业体系、生产体系、经营体系，提高农业创新力、竞争力和全要素生产率。针对民族地区的区域特色，提出"一夯实、四坚持、一确保"的对策建议。

(一) 夯实农业生产基础

1. 强化民族地区生态修护和保护力度

对于生态环境相对脆弱的西北和西南民族地区，坚守"耕地红线、水资源红线和生态保护红线"，抑制并扭转生态环境恶化的趋势，提升生态环境质量是农牧业持续发展的基础，是避免陷入"贫困→环境退化→贫困"恶性循环的前提。一是建设青藏高原生态安全屏障，创新青藏高原等生态屏障带保护修复技术方法与治理模式，研发生态环境监测预警、生态修复、生物多样性保护、生态保护红线评估管理、生态廊道构建等关键技术，建立一批生态保护与修复科技示范区。对暂不具备治理条件的沙化土地实行封禁保护，保障"三北"地区生态安全。二是开展新一轮退耕还林还草和退牧还草行动。扩大退耕还林还草、退牧还草，建立成果巩固长效机制。实施具备条件的25度以上坡耕地、严重沙化耕地和重要水源地15~25度坡耕地退耕还林还草。稳定扩大退牧还草范围，优化建设内容，适当提高投资补助标准。开展草原资源调查和统计，建立草原生产、生态监测预警系统。加强"三化"[①]草原治理，防治鼠虫草害。到2020年，治理"三化"草原3000万公顷[②]。三是探索开展横向生态保护补偿试点。引导建立跨省域的生态受益地区和保护地区、流域上游与下游的横向补偿机制，推进省级区域内横向

---

① "三化"是指退化、沙化、盐碱化。
② 依据《"十三五"生态环境保护规划》，国发〔2016〕65号，2016年11月24日。

补偿。

2. 持续加强农牧业基础设施建设

一是加快大中型灌区建设及续建配套与节水改造、大型灌排泵站更新改造。完善小型农田水利设施，加强农村河塘清淤整治、山丘区"五小水利"、田间渠系配套、雨水集蓄利用、牧区节水灌溉饲草料地建设。在半干旱、半湿润偏旱区建设农田集雨、集雨窖等设施，推广地膜覆盖技术，开展粮草轮作、带状种植，推进种养结合。加快农业高效节水体系建设，发展节水灌溉，推广渠道防渗、管道输水、喷灌滴灌等技术，到2020年和2030年，农田有效灌溉率分别达到55%和57%，节水灌溉率分别达到64%和75%[①]。二是高标准农田建设。民族地区到2020年底需要建设完成集中连片、旱涝保收的高标准农田占全国高标准农田的18.7%。同时展开耕地质量保护与提升项目，分区开展土壤改良、地力培肥和养分平衡，防止耕地退化，提高耕地基础地力和产出能力。到2020年和2030年，耕地基础地力分别提升0.5个等级和1个等级以上。三是加大内蒙古、青海、新疆、西藏等牧区草原畜牧业生产建设投入，加快草原围栏、棚圈和牧区水利建设，配套发展节水高效灌溉饲草基地。

(二) 坚持生态农业发展

生态农业是能获得较高的经济效益、生态效益和社会效益的现代化高效农业，是我国农业未来的发展方向，也是生态环境脆弱的民族地区农牧业永续发展的必然之选择。

1. 开发生态农牧产品

农业部将2018年确定为"农业质量年"，"三品一标"作为政

---

① 依据《全国农业现代化规划（2016—2020年）》，国发〔2016〕58号，2016年10月17日。

府推动的安全优质农产品公共品牌,为提升农产品质量安全水平、促进农业提质增效和农民增收等发挥着重要作用。民族地区应推动农业由增产导向转向提质导向,继续加强"三品一标"产品认证、执法监督和宣传力度,进一步提高生产经营者和消费者对"三品一标"产品认证的认知和认可,塑造绿色、生态、有机、高端品牌形象。不断提高"三品一标"产品的种养规模和产量,提升优质农牧产品产量和产值在总量中的比例。

2. 推行绿色农业生产方式

目前,化肥、农药过量使用导致的土壤污染和秸秆焚烧带来的大气污染,以及畜禽养殖带来的粪便、污水污染比较严重,推行绿色农业生产方式势在必行。在民族地区的农牧区,努力实现化肥、农药使用量零增长,化肥利用率提高到40%以上,农膜回收率达到80%以上。强化秸秆综合利用与禁烧,推进秸秆全量化利用。养殖废弃物综合利用率分别达到75%和90%以上,规模化养殖场畜禽粪基本资源化利用,实现生态消纳或达标排放。[①] 此外,加快农村环境综合整治,保护饮用水水源,加强生活污水、垃圾处理,加快构建农村清洁能源体系,提升农村生态环境质量。

(三)坚持特色农业发展

对于非粮食主产区的民族地区而言,因地制宜地发展各自的特色农牧产品是农业增效和农民增收的主要途径。要坚定不移地推进农牧业供给侧结构性改革,积极优化、调整种养结构、产品结构和区域结构,突出做精、做优优势产业,大力发展特色作物,种植结构逐步向粮、经、饲三元结构协调发展,加速推进农牧业现代化进程。

---

① 依据《全国农业可持续发展规划(2015—2030年)》,农计发〔2015〕145号,2015年5月28日。

1. 调整、优化农业生产力布局

继续加强农业供给侧结构性改革,提高农业供给体系质量和效率。根据本区的农业资源优势,结合已有的发展基础,以市场需求为导向,围绕主导型农特产品推进特色农牧产品的规模化、专业化、标准化生产和加工,不断提高农业生产效率。

2. 做大做强特色农牧产品

通过建设现代农业产业园、农业科技园,发挥示范、引领作用,实施产业兴村强县行动,推行标准化生产,培育农产品品牌,保护地理标志农产品,打造一村一品、一县一业发展新格局。力争构建"人无我有,人有我优,人优我特,人特我升"的动态农特产业体系。

(四)坚持产业融合发展

农村一、二、三产业融合发展就是要做强一产、做优二产、做活三产,推动农业全产业链的升级、升值。目前,民族地区在产业融合方面取得了显著成效,特别是休闲农业、乡村旅游方面。要进一步大力发展新主体、新产业、新业态,促进农村一、二、三产业融合发展。

1. 提高农特产品的深加工程度

现阶段,许多地区的优质农产品存在滞销的问题,主要原因是加工程度不高,不宜长途运输和长久保存。为此,国务院出台《关于进一步促进农产品加工业发展的意见》提出,到2020年农产品加工转化率达到68%,农产品加工业与农业总产值比达到2.4∶1。为此,应推进农产品加工园区建设,建设一批农产品加工技术集成基地,创建产业集群和融合发展先导区,打造现代加工新模式和新业态,建设农产品加工特色小镇。

2. 理顺和拓宽农特产品销售渠道

加强农产品产后分级、包装、营销,建设现代化农产品冷链仓储物流体系,打造农产品销售公共服务平台,支持供销、邮政及各类企业把服务网点延伸到乡村,健全农产品产销稳定衔接机制。大力建设促进农村电子商务发展的基础设施,鼓励支持各类市场主体创新发展基于互联网的新型农业产业模式,深入实施电子商务进农村综合示范,加快推进农村流通现代化。充分利用互联网销售平台,增加农特产品的市场广度和深度。

3. 实施休闲农业和乡村旅游精品工程

农业部于2018年2月出台了《关于大力发展休闲农业的指导意见》,支持盘活农村闲置资产资源,发展休闲农业和乡村旅游。明确加强公共服务设施建设,推进农业与旅游、文化、教育、康养、体育等深度融合。民族地区应以此为契机,建设一批设施完备、功能多样的休闲观光园区、森林人家、康养基地、乡村民宿、特色小镇,发展乡村共享经济、创意农业、特色文化产业。同时,整顿、规范区域内的民俗文化旅游产业,使之成为真正能"吸引人、留住人、人传人"的精品,为当地产业发展和农民增收提供持续的经济支撑。

(五)坚持科技支撑发展

现代农业科技对农业供给侧结构性改革发挥着很重要的作用。可以提高农产品的品质和效益,增加农民收入;可以推进生产方式的转型升级,提高竞争力;可以攻克限制区域农业持续发展的"瓶颈",推进农业永续发展。2017年,我国农业科技贡献率达到57.5%,民族地区在该项指标上处于落后地位。为此,应大力发展和推广农业科技,发挥科技在农业生产经营管理中的支撑作用。

1. 创新发展适宜的农业生产技术

西北民族地区缺水,应在新疆、内蒙古等西北及长城沿线区等干旱农牧区发展旱作农业生态技术、防治水土流失生态技术以及天然降雨集水农业技术,同时发展天然草原补播、粗饲料加工利用、牧区饲草青贮、划区轮牧、标准化养殖、幼畜早期培育等技术模式，创建农业可持续发展试验示范区。在半干旱、半湿润偏旱区建设农田集雨、集雨窖等设施，推广地膜覆盖技术，开展粮草轮作、带状种植，推进种养结合。加快农业高效节水体系建设，发展节水灌溉，推广渠道防渗、管道输水、喷灌滴灌等技术。西南地区多山地，应加快发展能综合利用山地农业自然资源的种植业、牧业、林业、渔业立体式、复合式农业生产技术；同时，应大力发展适应山区农业使用的小型农业机械技术，提高农业生产效率。

2. 推广现代农业生产经营管理技术

近年来，我国良种技术、新一代信息技术在农业领域的应用越来越广，民族地区应加大技术引进和推广现代农业技术。一是通过建设农业科技示范园，发挥其示范作用和引领作用，让广大农户真正感受到现代科技的巨大力量，完成"观摩—学习—试用—使用"的科技传播。建立科技成果转化交易平台，按照利益共享、风险共担的原则，积极探索"项目+基地+企业""科研院所+高校+生产单位+龙头企业"等现代农业技术集成与示范转化模式。二是疏通创新农业科技推广渠道。加强农业科技推广队伍建设、业务用房建设、装备建设等，激发基层农业科技推广工作人员的工作热情和动力，将农业科技推广人员从单纯技术传播的角色转变成集管理、协调、服务、组织于一体的服务人员。三是充分发挥多种形式的新型农业经营主体在农业机械和科技成果应用、绿色发展、市场开拓等方面的引领功能。

(六) 确保农民稳定增收

民族地区农业从业人员比重较大，农业规模化、产业化经营要因地制宜、因势利导，同时兼顾农业增效和农民增收的双重目标，坚持"基在农业、惠在农村、利在农民"的原则。探索和创新普通农户与农业龙头企业、农业合作社的利益分配、风险分担机制。通过保底分红、股份合作、利润返还等多种形式，让农民合理分享全产业链增值收益。统筹兼顾培育新型农业经营主体和扶持小农户，采取有针对性的措施，把小农生产引入现代农业发展轨道。培育各类专业化、市场化服务组织，推进农业生产全程社会化服务，帮助小农户节本增效。发展多样化的联合与合作，提升小农户组织化程度。打造区域公用品牌，开展农超对接、农社对接，帮助小农户对接市场。扶持小农户发展生态农业、设施农业、体验农业、定制农业，提高产品档次和附加值，拓展增收空间。改善小农户生产设施条件，提升小农户抗风险能力。

2017年民族地区工业经济运行及发展趋势分析

2017年以来,面对国内外形势深刻、复杂的变化,民族地区坚持稳中求进的工作总基调,坚定不移地贯彻新发展理念,统筹推进稳增长、促改革、调结构、惠民生、防风险,努力克服困难和挑战,保持了经济社会发展总体稳定、稳中提质、稳中增效的良好势头。

一、2017年民族地区工业经济运行特点

2017年,民族地区工业经济运行总体平稳,经济持续保持高于全国的增长速度。坚持稳中求进的工作总基调,重点领域改革取得突破,供给侧结构性改革带动经济效益提升,去产能、降成本成效显著。

(一)工业经济平稳增长,增速高于全国平均水平

2017年,民族地区工业经济运行保持稳进向好的发展态势。第二产业实现增加值35101亿元,比上年增长6.9%。分省区来看,地区中内蒙古与新疆规模以上工业增加值增速低于全国平均水平,其他省区都高于全国。其中,西藏、云南、贵州规模以上工业增加值增速最快,分别为14.2%、10.6%、9.5%。除内蒙古外,2017

年各省第二产业增加值占各省地区生产总值的比重同比变化不大，民族地区工业生产较为平稳。(见表1)

表1 民族地区规模以上工业增加值及三次产业结构比统计表

地区	2017年规模以上工业增加值增速（%）	2016年三次产业结构比	2017年三次产业结构比
内蒙古	3.1	3.8∶49.0∶47.2	10.2∶39.8∶50
广西	7.1	7.2∶47.0∶45.8	14.2∶45.6∶40.2
贵州	9.5	15.7∶39.5∶44.8	14.9∶40.2∶44.9
云南	10.6	14.8∶39.0∶46.2	14.0∶38.6∶47.4
西藏	14.2	9.1∶37.4∶53.5	9.4∶39.2∶51.4
青海	7.0	8.6∶48.6∶42.8	9.0∶44.7∶46.3
宁夏	8.6	7.6∶46.9∶45.5	7.6∶45.8∶46.6
新疆	6.4	17.1∶37.3∶45.6	15.5∶39.3∶45.2
全国	6.6	8.6∶39.9∶51.6	7.9∶40.5∶51.6

数据来源：本表数据根据各省区统计局网站发布数据整理获得。

(二) 工业企业的经营效益持续改善

2017年，民族地区规模以上工业企业实现利润总额5713.8亿元，同比增长39.9%，占全国规模以上工业企业利润总额的7.6%。2017年，民族地区除了青海规模以上工业企业利润总额下降了2.2%外，其他省区规模以上工业企业利润总额较上年都有所提高。其中规模以上工业企业利润总额增长幅度最大的是云南，实现利润总额772.0亿元，较2016年增长462.9亿元，同比增长145.9%；其次是新疆，同比增长113.5%；贵州实现规模以上工业企业利润总额886.3亿元，同比增长46.4%。而内蒙古规模以上工业企业利润总额增速慢于全国平均水平,同比增长20.0%。

2017年,民族地区工业企业经营状况进一步好转,民族地区规模以上工业企业主营业务收入77106.7亿元,占全国规模以上工业企业主营业务收入的6.6%。从省区看,规模以上工业企业主营业务收入增速最快的是宁夏,2017年规模以上工业企业主营业务收入4083.6亿元,同比增长22.4%;其次是西藏,同比增长19.1%;再次是贵州,同比增长18.7%。(见表2)

表2 2016—2017年民族地区规模以上工业企业利润总额、主营业务收入统计表

地区	2016年规模以上工业企业利润总额(亿元)	2016年规模以上工业企业利润增速(%)	2017年规模以上工业企业利润总额(亿元)	2017年规模以上工业企业利润增速(%)	2016年同比增速变化值(%)	2017年规模以上工业企业主营业务收入(亿元)	2017年规模以上工业企业主营业务收入增速(%)
全国	68803.2	8.5	75187.1	21.0	12.5	1164624.8	11.1
内蒙古	1242.1	31.0	1490.5	20.0	-11.0	13638.2	13.7
广西	1287.7	8.9	1559.3	25.2	16.3	24170.3	12.4
贵州	669.8	5.6	886.3	46.4	40.8	11085.7	18.7
云南	309.1	-34.3	772.0	149.8	180.2	12058	18.1
西藏	16.5	166.2	25.2	43.2	-123.0	207.3	19.1
青海	76.9	8.1	75.2	-2.2	-10.3	2094.8	5.6
宁夏	137.7	6.2	168.4	22.3	16.1	4083.6	22.4
新疆	345.1	-4.8	736.9	113.5	118.3	9768.8	17.3

数据来源:本表数据根据国家统计局和各省区统计局网站发布数据整理获得。

(三) 民族地区工业投资总体平稳,略有降低

2017年,民族地区全年全社会固定资产投资总额89844.9亿元,同比增加11.8个百分点。其中第二产业投资24389.5亿元,占民族地区全年全社会固定资产投资总额的比例为27.1%,同比下降3.8个百分点。2017年,第二产业投资额同比下降1.8个百分点。内蒙古、宁夏、广西三省区第二产业投资额占本地区全社会固定资产投资总额的比例最大,分别为39.0%、36.0%、35.2%。西藏第二产业投资额413.4亿元,同比增长40.2%,增速排名居民族地区第一位。云南第二产业投资额增长排名居民族地区第二位,其全年第二产业投资2846.9亿元,同比增长15.4%。(见表3)

表3 2017年民族地区三次产业固定资产投资额及增长率统计表

地区	第一产业		第二产业		第三产业		固定资产投资总额	
	投资额(亿元)	比上年增长(%)	投资额(亿元)	比上年增长(%)	投资额(亿元)	比上年增长(%)	投资额(亿元)	比上年增长(%)
内蒙古	891.1	15.0	5617.6	-13.4	7895.9	11.6	14404.6	-6.9
广西	1202.3	26.7	7004.2	7.3	11701.8	15.0	19908.3	12.8
贵州	387.5	29.9	2588.5	5.8	12524.0	23.3	15500.0	20.1
云南	896.0	4.9	2846.9	15.4	14732.0	79.7	18474.9	18.0
西藏	78.2	19.6	413.4	40.2	1559.4	23.4	2051.0	23.9
青海	137.6	4.8	1308.7	0.5	2450.9	16.8	3897.1	10.3
宁夏	226.1	54.4	1372.5	-8.4	2214.8	9.9	3813.4	4.2
新疆	552.3	13.3	3237.7	-15.1	8005.6	44.9	11795.6	20.0

数据来源:本表数据根据各省区统计局网站发布数据整理获得。

(四) 供给侧结构性改革扎实推进,去产能、降成本成效显著

2017年,民族地区坚持以推进供给侧结构性改革为主线,加快经济结构转型优化升级,质量效益明显提升,去产能、降成本成效突出。

去产能方面,内蒙古全年平板玻璃产量下降1.3%,水泥产量下降25.7%;广西取缔"地条钢"产能541万吨,化解煤炭产能246万吨,吊销"僵尸企业"945户;贵州全省认真落实煤炭、钢铁等行业化解过剩产能脱困发展实施方案,2017年关闭煤矿120处,淘汰落后产能1749万吨;云南压减生铁产能31万吨、粗钢产能50万吨,取缔"地条钢"600万吨,退出煤炭产能169万吨;青海全面完成132万吨煤炭去产能任务;宁夏实施100个重点技改项目,化解煤炭产能593万吨,取缔"地条钢"45.7万吨;新疆全区完成钢铁去产能570万吨目标任务,"地条钢"依法全面取缔,不达标企业逐步被淘汰,煤炭去产能1163万吨,超额完成全年目标任务。

降成本方面,2017年,内蒙古规模以上工业企业每百元主营业务收入中的成本为77.6元,同比下降4.4元;新疆规模以上工业企业每百元主营业务收入的成本为78.9元,同比下降1.8元,累计降低企业成本778.6亿元;广西规模以上工业企业每百元主营业务成本85.5元,比上年同期减少0.2元,为企业减负超过500亿元;宁夏规模以上工业企业每百元主营业务收入中的成本为83.8元,同比减少0.03元,全年降低实体经济企业成本85亿元;贵州多措并举,2016—2017年,全省累计为实体经济企业降成本1300亿元以上;云南全年为企业减轻成本负担900亿元;青海采取减税降费、要素让利等措施,全年降低企业各类成本70亿元,超目标20亿元。(见表4)

表4 2017年民族地区供给侧结构性改革成效

地区	去产能	降成本
内蒙古	退出煤炭产能810万吨，钢铁去产能55万吨，平板玻璃产量下降1.3%，水泥产量下降25.7%。	全区规模以上工业企业每百元主营业务收入中的成本同比减少4.4元。
广西	取缔"地条钢"产能541万吨，化解煤炭产能246万吨，吊销"僵尸企业"945户。	全区规模以上工业企业每百元主营业务成本85.5元，比上年同期减少0.2元；落实降成本"41条""28条"措施，为企业减负超过500亿元。
贵州	关闭煤矿120处，淘汰落后产能1749万吨。	全省启动输配电价改革，电力直接交易，市场化交易电量居全国第一位；通过多措并举，打出降低实体经济成本的"组合拳"，2016—2017年，全省累计为实体经济企业降成本1300亿元以上。
云南	压减生铁产能31万吨、粗钢产能50万吨，取缔"地条钢"600万吨，退出煤炭产能169万吨。	全年为企业减轻成本负担900亿元。
青海	完成132万吨煤炭去产能任务，落实财政奖补资金1.6亿元，积极、妥善推进企业职工分流安置，开展多轮"地条钢"核查，相关工作顺利通过国家考核验收。	采取减税降费、要素让利等措施，全年降低企业各类成本70亿元，超目标20亿元；规模以上工业企业每百元主营业务收入中的三项费用、产成品存货周转天数同比均减少；有色金属冶炼和压延加工业、黑色金属冶炼和压延加工业、医药制造业、石油加工炼焦业等全省规模以上工业主要行业每百元主营业务收入中的成本同比有所下降。

续表

地区	去产能	降成本
宁夏	实施100个重点技改项目，化解煤炭产能593万吨，取缔"地条钢"45.7万吨；规模以上工业企业产成品存货同比下降1.7%，增速比全国低10.7个百分点。	出台"降成本30条"，全年降低实体经济企业成本85亿元；规模以上工业企业每百元主营业务收入中的成本为83.8元，同比减少0.03元。
新疆	钢铁去产能570万吨目标任务已经完成，"地条钢"依法全面取缔，不达标企业逐步被淘汰；退出煤矿114处，退出煤炭产能1163万吨，超额完成全年目标任务；清理整顿违法违规电解铝项目，停产违规建成产能95万吨，停建违规在建产能185万吨。	落实国家结构性减税和社保降费政策，调整涉企经营服务性收费目录清单，收费项目由42项缩减至23项，缩减率达到45.2%，降低8个地（州、市）工商用电和农业用电价格，累计降低企业成本778.6亿元；规模以上工业企业每百元主营业务收入的成本为78.9元，同比下降1.8元。

数据来源：本表数据根据各省区统计局网站发布数据整理获得。

（五）新经济发展壮大，新动能不断增强

2017年，民族地区大力培育新动能和新增长点，经济的内生增长动力和可持续性大幅提升。其中，贵州高技术产业增加值比上年增长39.9%；发明专利申请量增长26.8%；每万人有效发明专利拥有量2.4件，比上年增长19.1%。青海新型产业同样成长迅速，高技术产业增长38.0%，同比提高1.5个百分点。广西全年高技术产业增加值增长15.4%，高于规模以上工业增加值增速8.3个百分点。新疆全区工业战略性新兴产业完成工业增加值156.9亿元，同比增长9.2%；高技术制造业完成增加值46.7亿元，同比增长38.8%，增速较上年提高18.5个百分点，也实现了快速增长。

宁夏高技术产业增加值占规模以上工业的比重由上年的 3.4% 提高到 4.2%。此外，云南新增 145 家高新技术企业、1271 家科技型中小企业。内蒙古战略性新兴产业增加值增速同样高于规模以上工业，一系列新动能的涌现助推了全区实体经济的转型升级。（见表 5）

表 5 2017 年民族地区新经济发展情况

地区	领域	发展情况
内蒙古	信息技术产业 新能源产业 战略性新兴产业	①以云计算、大数据为代表的信息技术产业、新型煤化工产业、新能源产业、蒙医药等成为支撑全区经济发展的新动能； ②战略性新兴产业增加值增速高于规模以上工业，大数据装机能力位居全国第一； ③世界首条稀土硫化物着色剂连续化隧道窑生产线、我国最大的电动轮矿车总装车间在包头建成，高铝粉煤灰提取氧化铝多联产技术开发与产业示范项目获得 2017 年度国家科技进步二等奖，热镀钢（铝）复合板热转彩印板技术成功实现产业化。
广西	高技术产业	①高技术产业增加值同比增长 15.4%，高于规模以上工业增加值 8.3 个百分点； ②全区科技成果登记量达 4109 项，每万人发明专利拥有量 3.8 件，较上年增长 26.6%； ③南宁高新区成为国家级双创示范基地，全区共拥有国家级科技企业孵化器 10 家、国家级科技创新基地 25 家。
贵州	新能源产业 高技术产业	①全省新建成投产的规模以上工业企业 514 家，对规模以上工业经济的贡献达到 31.8%； ②民用无人机、风力发电机组等 31 种产品实现零的突破，在统的主要工业产品种类提高到 341 种，占全国在统工业产品的比重达到 56.5%，所占比重比上年提高 1.3 个百分点； ③全省高技术产业增加值比上年增长 39.9%；发明专利申请量增长 26.8%；每万人有效发明专利拥有量 2.4 件，比上年增长 19.1%。

续表

地区	领域	发展情况
云南	高新技术产业	①启动建设15个省级首批双创示范基地，昆明国家级经济技术开发区纳入国家第二批双创示范基地名单； ②新增145家高新技术企业、1271家科技型中小企业。
西藏	新能源产业	光伏发电与水电发展迅速，全区累计发电量58.4亿千瓦时，同比增长14.3%。
青海	高技术产业 新能源产业 新材料产业 生物产业	①6亿平方米锂电隔膜、6000吨高端六氟磷酸锂等一批项目开工建设，恒信融2万吨碳酸锂、晶煜晶体二期80台导模法长晶炉建成投产； ②全年高技术产业增长38.0%，同比提高1.5个百分点； ③全省规模以上工业中，新能源产业增加值比上年增长10.2%，新材料产业增长22.5%，生物产业增长26.6%，占规模以上工业增加值的比重分别为5.7%、7.2%和4.3%，规模以上工业中高技术制造业增加值比上年增长21.0%； ④新能源发电量（太阳能和风能发电量）比上年增长20.4%，占规模以上工业发电总量的19.0%，比重较上年提高1.2个百分点。
宁夏	高技术产业 战略性新兴产业 先进制造业 新能源产业	①高技术产业增加值占规模以上工业的比重由上年的3.4%提高到4.2%； ②新认定国家高新技术企业45家，国家双创载体28家，组建各类创新平台30余家； ③战略性新兴产业和先进制造业领域的规模以上废弃资源综合利用业增加值增长97.9%、医药制造业增长9.0%、专用设备制造业增长24.4%； ④水电、风电、太阳能等清洁能源发电量增长19.8%；技术含量高、市场前景广阔的滚动轴承产量增长1.2倍，数控金属切削机床增长35.7%。

续表

地区	领域	发展情况
新疆	战略性新兴产业 高技术制造业	①全区工业战略性新兴产业完成工业增加值156.9亿元，同比增长9.2%；②高技术制造业完成增加值46.7亿元，同比增长38.8%，增速较上年提高18.5个百分点，实现快速增长；③启动乌鲁木齐市高新区（新市区）国家双创示范基地建设。

数据来源：本表数据根据各省区统计局网站发布数据整理获得。

二、2017年民族地区工业经济发展中存在的问题

（一）工业生产平稳增长的基础依然不牢，主要经济指标增速回落

2017年，民族地区工业受市场需求、转型步伐以及实体企业运营的影响，导致工业生产平稳增长的基础不牢，主要经济指标增长有所回落。回落既有短期性因素的影响，又有长期的结构性矛盾影响，还有经济发展规律影响等方面原因。

从近五年工业累计增加值增速来看，内蒙古是下降最严重的省区，其工业增加值增速从2013年的12.0%下降到2017年的3.1%。其次是新疆，其工业增加值增速从2013年的12.9%下降到2017年的6.4%。民族地区近五年工业增加值增速从整体上呈现出逐年递减的趋势，2017年民族地区工业增加值增速出现了一定程度的回升，各地区增速增减趋势基本持平。2017年，我国民族地区中，广西、贵州和青海三个省区的工业增加值增速较上年基本持平；内蒙古工业增加值降幅较大，增速较上年回落了4.1个百分点；云南、西藏、宁夏和新疆工业增加值增速回升，云南工业增加值升幅最大，增速较上年增加了4.1个百分点。（见表6）

表6 民族地区近五年工业累计增加值增速统计表（单位:%）

地区	2013年	2014年	2015年	2016年	2017年
内蒙古	12.0	10.0	8.6	7.2	3.1
广西	12.9	10.7	7.9	7.5	7.1
贵州	13.6	11.3	9.9	9.9	9.5
云南	12.3	7.3	6.7	6.5	10.6
西藏	12.2	6.0	14.6	12.7	14.2
青海	12.6	9.1	7.6	7.5	7.0
宁夏	12.5	8.3	7.8	7.5	8.6
新疆	12.9	10.0	5.2	3.7	6.4

资料来源：根据国家统计局和各省区统计局网站发布数据整理获得。

（二）工业投资、民间投资依然乏力

近几年，我国固定资产投资保持了较快增长，但2017年以来，投资的内部结构性矛盾凸显。主要表现为：一是资金到位率低；二是投资效果系数比较差；三是民间投资持续下降，全年大多数时间，民间投资处在负增长区间，显示出民营企业家对未来市场发展的信心不足，投资意愿不强；四是房地产投资下滑严重，受国家宏观调控的影响，房地产企业投资更趋谨慎。以新疆为例，2017年，全区工业投资3195.1亿元，下降13.1%。其中，制造业投资1691.4亿元，下降8.2%；民间投资自2017年上半年开始由负转正，扭转了15个月持续下降的态势，但民间投资意愿仍然不强，全年民间投资仅增长1.3%，增速比全区投资低18.7个百分点。

固定资产投资增长动力不足。以宁夏为例，一是工业投资继续下降。2017年，全区工业投资增速呈现较大幅度回落，除一季度增长2.8%以外，其他月份均为负增长，全年下降9.4%，占投资的比重由上年的40.9%下降至35.4%。其中,制造业投资下降2.1%,电力、热力、燃气及水的供应业投资下降35.4%。二是新开工项目支撑不足。截止到12月末,全区5000万元及以上新开工项目655个,同比下降0.2%。三是投资资金保障度不高。全区本年资金来源为2999.8亿元,资金保障度为78.7%,远低于全国99%的平均水平。其中,5000万元以上项目资金保障度为72.1%,投资增长缺乏有效资金保障。在本年资金来源中,国家预算内资金254.8亿元,增长0.2%;国内贷款629.5亿元,下降15.5%。

（三）部分省区工业企业生产经营困难,亏损依然严重

2017年,民族地区中,西藏、青海和新疆规模以上工业企业亏损数分别增长了41.7%、9.2%和4.7%,其余省区的规模以上工业亏损企业个数也只有小幅下降。下降幅度最大的是广西和云南,同比下降率均为7.9%。其次是宁夏和内蒙古,2017年这两个省区规模以上工业亏损企业分别同比减少了2.5%和2.4%。贵州规模以上亏损企业数下降幅度最小,同比下降了1.0%。

从民族地区规模以上工业企业亏损总额来看,一半的省区都出现了上升的趋势。宁夏、青海、西藏和贵州四个省区的规模以上工业企业亏损总额分别为124.1亿元、67.3亿元、17.5亿元和136.0亿元,同比增长率分别为97.0%、66.6%、18.2%和1.5%。其余四个省区的规模以上工业企业亏损总额同比有所下降,同比下降率较高的依次为云南（59.2%）、新疆（55.7%）、内蒙古（34.9%）和广西（7.4%）。可见,民族地区规模以上工业企业亏损现象依然严重。（见表7）

表7 民族地区2016—2017年亏损企业数和亏损总额统计表

地区	企业单位数（家）	亏损企业（家）	亏损企业同比增长（%）	亏损企业亏损总额累计值（亿元）	亏损企业亏损总额同比增长（%）
全国	385369	45454	3.2	6843.8	-18.1
内蒙古	4336	1237	-2.4	318.4	-34.9
广西	5658	790	-7.9	105.6	-7.4
贵州	5600	756	-1.0	136.0	1.5
云南	4359	939	-7.9	176.9	-59.2
西藏	117	34	41.7	17.5	18.2
青海	609	201	9.2	67.3	66.6
宁夏	1232	309	-2.5	124.1	97.0
新疆	3031	870	4.7	170.6	-55.7

数据来源：本表数据根据国家统计局网站数据整理获得。

（四）产业结构升级任务艰巨，工业结构依然偏重

民族地区经济运行中的结构性矛盾和新老问题依旧存在，新旧动能转换仍需一定的时间和空间，供给侧结构性改革的任务艰巨、繁重。以新疆为例，"重工业过重，轻工业过轻"的局面依然存在。2017年，全区重工业完成增加值2681.2亿元，增长7.5%，占规模以上工业增加值的87.6%。而轻工业持续低速增长，自2017年8月以来，轻工业增加值累计增速持续负增长，全年轻工业完成增加值377.6亿元，生产与上年持平，增速比上年同期回落11.7个百分点，仅占规模以上工业增加值的12.4%。因此，高消耗、高投入的重工业在工业中占比仍然过高。

三、促进民族地区工业经济持续较快增长的对策建议

2017年,民族地区认真贯彻落实中央重大决策部署,坚持稳中求进工作总基调,贯彻新发展理念,不断提高发展质量和效益,全力做好保稳定、稳增长、促改革、调结构、惠民生、防风险各项工作;坚持以推进供给侧结构性改革为主线,加快推动经济结构战略性调整,主要先行指标持续好转,经济结构进一步优化,经济运行动力在转换中增强,质量在转型中提升,实现了平稳、健康发展。

(一)加大对民族地区产业梯度转移引导和支持力度

当前,随着供给侧结构性改革的进一步推进,东部沿海发达地区发展面临诸多问题,资源、环境约束矛盾日益突出,土地、劳动力、能源等生产要素供给趋紧,企业生产成本居高不下,产业升级压力增大,急需"腾笼换鸟",转移不再适合本地发展的产业,进行产业结构调整和升级。民族地区在资源、用工、用地、用电等基本生产要素方面具有综合成本低的比较优势,能够满足东部地区劳动密集型产业和加工贸易型产业发展的需求。民族地区化工、冶金、有色金属等传统产业面临改造升级的迫切需求,新能源、新材料、光伏制造等新兴产业发展上有一定的优势,具有吸引承接东部产业转移的良好条件。合理、有序引导产业梯度转移,对优化产业布局、提升产业层次、实现东部与民族地区可持续发展意义重大。

(二)实施创新驱动发展战略,抓转型促进工业向中高端迈进

认真落实党的十九大提出的各项目标任务,发挥改革创新效应,促进经济高质量发展。加强供给侧结构性改革,扩大优质增量

供给，提高生产效率，增强传统产业和优势产业整体实力。重塑工业增长动力，推动产业迈向中高端。坚持创新驱动，加快培育壮大创新载体，提高经济增长质量和效益。继续深化传统产业转型升级，鼓励企业在高端产品研发和生产上下功夫，提高产品市场竞争力和占有率。加大新增企业培育及扶持力度，着力提升战略性新兴产业企业创新发展，大力推进高技术产业加快发展。从引进项目、资金落实、项目实施、竣工投产等各方面为企业提供便捷服务和优惠政策，帮助企业提升品质、效益和市场影响力。立足于供给侧结构性改革，严格执行环保、能耗、质量、安全、技术等法律法规和产业政策，坚决淘汰落后产能，有序退出过剩产能。

（三）坚持"稳中求进"，处理好"速度"与"质量"的关系

当前，民族地区工业经济运行总体平稳，稳中有进态势明显，稳是基础和前提，只有稳才能更好地进。民族地区应充分认识我国经济发展进入新时代的要求，以高质量发展为根本，转变对经济工作的指导思想。以提高经济运行的质量和效益为中心，在全社会形成重视质量和效益的创新、协调、绿色、开放、共享的新局面。面对经济发展进入新常态后出现的一系列困难矛盾、风险挑战，必须把思维方式、工作方法、政策措施切实转到以提高质量和效益为中心上来。党的十九大报告指出，我国经济已由高速增长阶段转向高质量发展阶段，正处在转变发展方式、优化经济结构、转换增长动力的攻坚期，要坚持质量第一、效益优先，推动经济发展质量变革、效率变革、动力变革。进入新时代，面对新形势，民族地区经济仍需在一段时期保持平稳、较快增长。

（四）进一步推进"三去一降一补"，振兴实体经济

2017年，民族地区"三去一降一补"取得了明显成效，但高

耗能行业占比仍然不低，宏观杠杆率仍然偏高，实体经济的债务风险压力较大。着力推进"三去一降一补"要在"破""立""降"上下功夫，大力破除无效供给，继续推进钢铁、煤炭、水泥、电力等行业化解过剩产能；积极推动互联网、大数据、人工智能和实体经济的深度融合，在创新引领、绿色低碳、现代供应链等领域培育新的增长点，形成新动能；综合施策，不折不扣地落实中央各项减税降费措施，切实减轻实体经济的运行成本。同时，着力补好交通、电力、网络通信等基础设施短板，补好技术、工艺、装备、人才短板，补好产业链发展短板等，切实推动经济发展由"有没有"向"好不好"转变，为推动高质量发展提供有力保障。

着力推进"三去一降一补"五大任务。一是去产能方面，与深化国有企业改革相结合，稳步化解钢铁、煤炭等过剩产能，依法依规淘汰水泥、平板玻璃等落后产能。二是坚持因城施策、分类指导，以消化存量为主要方向，合理调控房地产项目开发节奏，培育和发展住房租赁市场，把发展住房租赁与商品房去库存工作结合起来，把商品房库存调节在合理区间。三是去杠杆方面，与推动金融业改革创新结合起来，持续深化投融资体制改革，拓宽项目融资渠道，着力降低企业杠杆率。四是降成本方面，与提升供给质量效益、降低制度性成本协同推进，在减税、降费、降要素成本、降制度成本等方面下功夫。五是补短板方面，既补基础设施等硬件短板，还要着力补人才、技术等软件短板。

2017年民族地区服务业运行及发展趋势分析

2017年,为主动适应供给侧结构性改革发展需求,稳定经济发展,培育区域发展新动能,民族地区积极调整当前经济结构中存在的突出问题,坚定淘汰落后、过剩产能,充分消化、吸收过剩产能。在这一过程中,大力发展服务业成为重要抓手。2017年,民族地区服务业增加值同比增长9.0%,连续多年实现正增长,服务业发展对地区GDP增长的贡献率也得到不断提高,地区客运周转和物流交通、旅游业蓬勃发展,区域特色鲜明。

由于民族地区经济发展基础较为薄弱,市场经济体制尚不健全,在服务业蓬勃发展的同时,也出现了诸如水平低、发展慢、效益不足等方面的问题,严重制约着民族地区服务业与全国服务业的协同发展。必须结合民族地区经济发展实际,展开深入讨论并给出具有可操作性的对策建议。基于此,本书针对2017年民族地区服务业运行及发展趋势展开对应研究。

一、2017年民族地区服务业运行态势

(一)服务业经济驱动能力突出,增长速度保持稳定

2017年,我国民族地区服务业增加值快速增长,服务业已成

为民族地区经济发展的第一动力。如表 1 数据所示，2017 年民族地区服务业增加值达 38598.5 亿元，同比增长 9.0%。2017 年，服务业增加值在连续多年提高的基础上，继续保持上升势头，对地区国民生产总值的贡献率越来越大，已从 2011 年的 37.7% 不断提升至 2017 年的 45.5%，6 年间增加了 7.8 个百分点。

分省区来看，2017 年民族地区服务业增加值最大的前三个省区分别是广西、内蒙古和云南，依次是 8191.5 亿元、8047.4 亿元和 7833.1 亿元；从服务业增加值增速来看，除内蒙古和青海以外，其余六省区增速均超过民族地区平均水平，其中最快的前三个省区分别是贵州、新疆和西藏，增长率依次是 11.5%、9.8% 和 9.7%；从服务业增加值占地区 GDP 比重来看，除广西、贵州和新疆以外，其余五省区比重均超过民族地区平均水平，其中占比最大的前三个省区分别是西藏、内蒙古和云南，占比分别是 51.4%、50.0% 和 47.4%。

表 1　2016—2017 年全国和民族地区服务业发展情况统计表

地区	2017 年服务业增加值（亿元）	同比增长率（%）	2017 年地区生产总值（亿元）	服务业增加值占 GDP 比例（%）
民族地区	38598.5	9.0	84899.0	45.5
内蒙古	8047.4	6.1	16103.2	50.0
广西	8191.5	9.2	20396.3	40.2
贵州	6080.4	11.5	13540.8	44.9
云南	7833.1	9.5	16531.3	47.4
西藏	673.3	9.7	1310.6	51.4
青海	1224.0	7.9	2642.8	46.3
宁夏	1612.3	9.2	3453.9	46.7
新疆	4936.5	9.8	10920.1	45.2

注：数据由国家民委经济司提供。

(二)服务业固定资产投入持续增强,服务业投资主体地位不断凸显

2017年,我国民族地区继续增加对服务业相关固定资产的投入力度,服务业投资占全社会固定资产投资总额的比例持续提升。如表2数据所示,2017年,民族地区服务业相关投资为61007.6亿元,与上年同期比较,净增加9914.7亿元,同比上升19.4%,增长率高于全国平均水平11.0个百分点。服务业投资占全社会固定资产投资总额68.3%,占比高于全国平均水平8.9个百分点。表2数据显示,民族地区目前服务业投入已经成为全社会固定资产投入的重点领域,基本保持两位数的增长速率。

表2 2017年全国和民族地区服务业投资基本情况统计表

地区	固定资产投资总额(亿元)	服务业投资总额(亿元)	占比(%)	同比增加值(亿元)	同比增长率(%)
全国	631684	375040	59.4	29203	8.4
民族地区	89268	61007.6	68.3	9914.7	19.4
内蒙古	13827.9	7895.9	57.1	-301.5	-3.7
广西	19908.3	11701.8	58.8	1524.4	15.0
贵州	15500	12524.0	80.8	2960.9	31.0
云南	18474.9	14732.0	79.7	2549.5	20.9
西藏	2051	1559.4	76.0	296.6	23.4
青海	3897.1	2450.9	62.9	379.9	18.3
宁夏	3813.2	2138.0	56.1	106.1	5.2
新疆	11795.6	8005.6	67.9	2399.4	42.8

注:云南省数据来源于统计月报,其余省区数据由国家及各省区统计公报计算获得。

分省区来看，2017年，民族地区服务业投资总额最大的前三个省区是云南、贵州和广西，投入额度分别是14732.0亿元、12524.0亿元和11701.8亿元；服务业投资占全社会固定资产投入比例最高的前三个省区是贵州、云南和西藏，分别是80.8%、79.7%和76.0%；与2016年相比较，服务业投资增幅最高的三个省区是新疆、贵州和西藏，分别是42.8%、31.0%和23.4%，民族地区中，内蒙古服务业投资总额与2016年相比出现负增长，同比下降3.7个百分点。

（三）客运周转能力不断加强，区域物流交通快速增长

2017年，我国民族地区交通物流运输能力不断增强，区域客运周转量和货物运输周转量双双提高。如表3数据所示，2017年民族地区旅客运输周转量为3529.6亿人公里，同比上升3.6%；货物运输周转量为16920.9亿吨公里，同比上升12.6%，高于全国平均增长水平一倍以上。

分省区来看，2017年，民族地区旅客运输周转量排名前三的是广西、贵州、新疆，周转量分别是777.6亿人公里、704.3亿人公里和644.2亿人公里；旅客运输周转量同比上升最快的前三个省区是西藏、青海、贵州，增长率分别是31.7%、11.8%和7.7%，内蒙古和新疆出现负增长，分别同比下降3.3%和1.6%；相较全国平均增长速度来看，贵州、西藏、青海三省区高于全国平均增长水平，处于快速增长阶段。货物运输周转量最大的前三个省区分别是内蒙古、广西、新疆，周转量分别是5206.5亿吨公里、4613.3亿吨公里和2288.1亿吨公里；货物运输周转量同比增速最快的前三个省区分别是新疆、内蒙古和云南，增长率分别是20.5%、16.9%和14.7%，宁夏出现负增长，同比下降7.1%，同样，与全国平均增长速度相比较，除宁夏外，其余七省区均高于全国平均增长水平，可以认为民族地区物流运输能力整体处于快速发展阶段。

表3 2017年全国和民族地区交通运输能力统计表

地区	旅客运输周转量（亿人公里）	旅客运输周转量同比增长率（%）	货物运输周转量（亿吨公里）	货物运输周转量同比增长率（%）
全国	32812.7	5.0	196130.4	5.1
民族地区	3529.6	3.6	16920.9	12.6
内蒙古	362.8	-3.3	5206.5	16.9
广西	777.6	4.5	4613.3	8.3
贵州	704.3	7.7	1544.5	12.2
云南	596.6	1.9	1799.4	14.7
西藏	106.9	31.7	138.1	9.8
青海	179.1	11.8	519.6	9.2
宁夏	158.1	3.3	811.4	-7.1
新疆	644.2	-1.6	2288.1	20.5

注：云南省数据来源于统计月报，青海省数据来源于统计局公布的年度全省交通运输主要数据，其余省区数据由国家及各省区统计公报计算获得。

（四）旅游业蓬勃发展，区域特色不断鲜明[①]

民族地区地域广袤，文化历史悠久，拥有丰富的自然风景资源和民族文化资源，凭借得天独厚的禀赋，近年来，民族地区旅游业不断发展，已逐渐成为部分地区经济发展的支柱产业，并且，随着"一带一路"建设的深入推进，跨境旅游也不断升温。2017年，内蒙古接待国内外游客11646.0万人次，其中国内旅游人数11461.2万人次，同比上升19.1%，入境旅游人数184.8万人次，同比上升3.9%；实现旅游总收入达3440.1亿元，同比上升26.7%，其中，

---

① 数据由各省区统计公报计算获得。

国内旅游收入3358.6亿元,同比上升27.4%,旅游外汇收入12.5亿美元,同比上升9.4%。广西全年入境过夜游客512.4万人次,同比上升6.2%;国际旅游(外汇)消费24.0亿美元,同比上升10.7%;接待国内旅客5.2亿人次,同比上升28.2%,国内旅游消费5418.6亿元,同比上升33.9%;旅游总消费5580.4亿元,同比上升33.1%。2017年末,贵州有71个风景名胜景区,其中,国家级风景名胜景区18个,省级风景名胜景区53个,5A级旅游景区5个,比上年末增加1个,4A级旅游景区95个,比上年末增加27个,省级乡村旅游示范区131个,乡村旅游扶贫重点村1104个;全年接待游客74417.4万人次,同比上升40.0%,旅游总收入7116.8亿元,同比上升41.6%。新疆全年接待游客10725.5万人次,同比上升32.4%;旅游总消费1822.0亿元,同比上升30.1%。其中,接待国内游客10490.7万人次,同比上升32.8%;国内旅游消费1751.6亿元,同比上升30.7%;入境游客234.8万人次,同比上升17.1%;入境旅游消费10.5亿美元,同比上升17.0%。青海全年接待国内外游客3484.1万人次,同比上升21.1%。其中,国内游客3477.1万人次,同比上升21.2%;入境游客7.0万人次,同比上升0.2%。实现旅游总收入381.5亿元,同比上升23.0%。其中,国内旅游收入378.9亿元,同比上升23.3%;旅游外汇收入3829.0万美元,同比下降13.3%。西藏全年接待国内外旅游者2561.5万人次,同比上升10.6%。其中,接待国内旅游者2527.1万人次,同比上升10.7%;接待入境旅游者34.4万人次,同比上升6.7%。旅游总收入379.4亿元,同比上升14.7%;旅游外汇收入2.0亿美元,同比上升1.6%。

  旅游业的蓬勃发展,驱动着民族地区深入挖掘本地特色自然及文化资源,区域旅游特色愈发鲜明。内蒙古凭借其拥有的辽阔草原、森林和沙漠,重点打造了一批富氧离子养生、温泉养生、沙漠探险、航天之旅等旅游产品。广西出台《广西红色旅游发展"十三五"规划》，重点打造红色旅游"七大基地，六大旅游区，八条路线，十一个全国经典景区，三十三个区级重点景区"，并加强林业与旅游产业融合发展，重点实施环绿城南宁森林旅游圈建设项目和森林旅游"510"工程。贵州以建设山地旅游大省、打造国际山地旅游目的地为目标，探索"全景式规划、全季节体验、全社会参与、全产业发展、全方位服务、全区域管理"的全域旅游发展路径，深化旅游体制机制改革，优化旅游总体布局，推进旅游经济跨越发展，让更多群众分享旅游发展红利。云南提出以"云南只有一个景区，这个景区就叫云南"为目标，以国际化、高端化、特色化、信息化为方向，以"一部手机游云南"为抓手，全力推动全域旅游和旅游景区与其他旅游要素、环境融合发展，协调推进旅游目的地、旅游产品、旅游公共基础设施、旅游管理服务、旅游数字化的转型升级。西藏不断加强乡村旅游建设，将拉萨市维巴村，林芝市西嘎村、贡仲村，日喀则市巴松村、吉普村，阿里地区索麦村，山南市阿扎村，打造成乡村旅游扶贫样板工程。青海按照"一圈三线三廊道三板块"全域旅游发展谋划，在加快青海湖等重点景区提档升级的同时，大力推进青海之窗文旅城、茶卡光影旅游小镇、龙羊峡风情小镇等一批产业融合新兴业态项目建设。宁夏出台《关于加快全域旅游示范区建设的意见》，完成《宁夏全域旅游发展总体规划》及五项子规划的编制工作，编制完成《宁夏全域旅游项目指南》。成功举办 2017 中阿旅行商大会，34 项合作协议落地实施，东南亚入境游客同比上升 150.0% 以上。新疆出台《自治区党委、自治区人民政府关于进一步加快旅游业发展的意见》《新疆维吾尔自治区旅游业发展第十三个五年规划》，建设乌鲁木齐国际旅游集散中心、南疆丝绸之路文化与民族风情旅游目的地，提升和完善天山廊道世界遗产旅游产业带、准噶尔北缘生态旅游产业带。

二、民族地区服务业发展中存在的主要问题

与中、东部地区服务业发展相比较,民族地区服务业发展仍存在诸多方面的问题。服务业整体发展速度较慢,投资效益尚需增强;服务业企业赋税不降反增,企业间同质化竞争严重;旅游商品开发程度不深,旅游业对民族文化造成冲击。

(一)整体发展速度较慢,投资效益尚需增强

从服务业发展角度并结合民族地区服务业增加值、增长率的横向比较结果,整体而言,民族地区服务业增加值呈现波动下滑的趋势。如表4数据所示,2013—2017年,内蒙古由10.8%降低至6.1%,广西由17.6%降低至9.2%,贵州由16.1%降低至11.5%,云南由18.8%降低至9.5%,西藏由16.0%降低至9.7%,青海由22.7%降低至7.9%,宁夏由12.7%降低至9.2%,新疆由27.0%降低至9.8%。通过五年的发展,这种下降趋势始终没有能够得到有效的扭转。从服务业净体量来看,民族地区发展至2017年尚没有一个省区的服务业增加值能够突破万亿元,并且呈现较为严重的两极分化。其中,西藏、青海和宁夏三省区服务业增加值在千亿元左右徘徊,内蒙古、广西、贵州、云南和新疆则远大于前三者。整体而言,民族地区服务业增加值处于较低水平并且内部两极分化较为明显,同时,服务业增加值的增长速度持续放缓,后续增长动力略显不足。

表4 2013—2107年服务业增加值增长率基本情况统计表 (单位:%)

	2013年	2014年	2015年	2016年	2017年
内蒙古	10.8	12.6	2.7	9.9	6.1
广西	17.6	9.3	10.2	10.5	9.2
贵州	16.1	8.3	14.2	11.4	11.5

续表

	2013年	2014年	2015年	2016年	2017年
云南	18.8	10.1	11.3	11.4	9.5
西藏	16.0	12.4	12.4	11.2	9.7
青海	22.7	11.4	17.3	10.0	7.9
宁夏	12.7	7.8	8.4	10.8	9.2
新疆	27.0	10.2	11.0	4.3	9.8

注：数据由历年《中国民族地区经济发展报告》整理获得。

从投入产出视角来看，民族地区服务业投资水平与服务业发展对地区生产总值的贡献效率不相匹配。对比表1和表2数据可以发现，2017年民族地区服务业投资占固定资产投资总额的比例为68.3%，相比之下，服务业增加值占GDP比例仅为45.5%，两者相差22.8个百分点；2016年两者相差19.3个百分点，可以看出，这种低效率的服务业投资趋势在不断加深。分省区来看，在民族地区中，服务业投资效率较高（即服务业投资占固定资产投资总额的比例与服务业增加值占GDP比例二者相差较小）的前三个省区是内蒙古、宁夏和青海，分别相差7.1个百分点、9.4个百分点和16.6个百分点；其余省区的排名依次是广西、新疆、西藏、云南和贵州，分别相差18.6个百分点、22.7个百分点、24.6个百分点、32.3个百分点和35.9个百分点。

（二）服务业企业赋税不降反增，企业间同质化竞争严重

对于民族地区部分服务业企业而言，在国家实施营改增后企业税负率并没有明显减少，反而出现不同程度的增加。这主要是由于，其一，民族地区服务业企业较大部分属于劳动密集型企业，这部分企业支出大多为人力资源成本，但人力资源成本却无法进行抵扣，进项税额对于销项税额抵扣较少，间接造成此类企业赋税不降

反增。其二，由于民族地区区位十分偏远，增值税专用发票较难取得，导致一些服务业中的公共工程类企业进项税抵扣减少，同样也间接造成此类企业赋税不降反增。民族地区内部区域间和行业间的经济发展极化现象较为严重，这给服务业的发展造成了同样的影响，以2017年内蒙古服务业发展为例，分行业来看，全区的33类规模以上服务业行业中，物流运输、物业管理、商务服务、专业技术等5类行业的企业数量占全区总量的59.2%，而其余的28类行业的企业数量仅占全区总量的40.8%，行业差异性十分突出；分地区来看，经济发展较好的呼和浩特、包头、鄂尔多斯3个地市的规模以上服务业企业数量占全区总量的53.2%，相比之下，其他9个盟市的规模以上服务业企业数量仅占全区总量的46.8%，区域间的差异性也十分突出。

纵观民族地区服务业的发展，各地服务业重点发展领域往往大多集中在信息服务业、科技服务业、旅游业、文体产业等，这造成区域间和区域内部竞争不断加剧，产业同质化现象不断显现。并且，在各省区优厚的产业发展扶持政策的激励下，大量"候鸟型"企业不断入驻，虽然在一定时期内会对地区服务业发展提供支撑，但一旦政策到期，一些企业必然会受到市场利益的驱动，选择东迁或者中迁，不利于民族地区服务业的稳定持续发展。

（三）旅游商品开发程度不深，民族文化传承面临诸多挑战

民族地区旅游业目前处于快速发展阶段，已经基本建立了具有地域特点的旅游景点和旅游线路，形成了一定规模"吃、住、行、游、购、娱"的现实需求，对旅游业市场的开发形成了需求拉动。但从实际情况来看，民族地区旅游业商品发展体系目前仍尚未建立，地区群众参与旅游业发展的方式较为有限，产业发展红利的分享能力也较为薄弱。具体表现为，民族地区根植性较强的企业规模

往往不大，旅游商品的开发以"拿来主义"为主，自主研发十分欠缺，旅游商品品种十分单一，商品附加值不高。如内蒙古旅游景点的商品均以牛肉干、奶酪为主；在贵州和云南买到的蜡染，图案不是黄果树瀑布、荔波小七孔就是西双版纳风景；西藏旅游景点能看到的商品，满目除了唐卡便是哈达。同时，民族地区旅游资源开发不够深入，我国目前主流的旅游景点开发主要分为陈列欣赏型、表演欣赏型和主题参与型。但目前，民族地区大多数的景点开发仍停留在陈列欣赏型，以自然风光和民族文化的简单陈列观光为主要形式，表演欣赏型和主题参与型的景点相对较少，这便导致旅客在景点停留时间相对较短，入境过夜游客不足，旅游业收入始终无法得到大幅提升。

民族地区旅游业的快速发展，已经使其逐渐成为推动区域经济发展的重要方式之一，但伴随着旅游业的持续发展，民族文化的保护与传承工作也不断面临新的挑战。其一，在市场经济驱动下，民族地区群众发展旅游产业往往以追逐产业利润为出发点，为最大化利润空间，民族文化的开发始终呈现较为粗放的状态，文化"异地嫁接""张冠李戴"等现象不断出现。其二，民族文化保护主体和手段较为单一，仅仅依靠政府的组织和驱动尚无法有效地保护和传承优秀民族文化，虽然近些年地方政府也在不断尝试通过设立民族文化传习场所的方式引导群众参与民族文化保护工作，但效果并不理想，整体而言，目前民族地区群众、企业、非政府组织对民族文化保护工作的作用尚未得到有效发挥。其三，民族文化流失情况日益严重。最为直观的表现便是民族服饰的穿戴，调研发现，目前民族地区民族服饰的穿戴主要集中在40岁以上的群众，相比之下年轻人则更加倾向于选择非民族服饰，甚至在部分地区，民族服饰已逐渐演变为"演出服饰""节日服饰"。另外，民族文化传承人断代现象较为严重，如传统的织布、刺绣、建筑等民族技艺在当地往往仅有一两位年长者能够熟练掌握，年轻人已经不愿意学习这些传统的民族技艺。

三、民族地区服务业发展建议

在全面建成小康社会的历史时间节点下，民族地区正处在经济快速发展、产业结构转型升级的关键期，服务业发展已经成为民族地区经济增长的主要动力和衡量区域市场综合竞争力的重要指标。受历史积累影响，民族地区服务业发展存在各方面的障碍，为保证服务业稳定发展，必须破解其中存在的主要问题。根据民族地区经济发展特征，建议从大力发展流通服务业，积极拓展电子商务领域；夯实服务业发展基础，不断推进新兴贸易发展；挖掘民族文化内涵，加快旅游产业转型升级等方面开展相关工作。

（一）大力发展流通服务业，积极拓展电子商务领域

由于民族地区经济基础十分薄弱，发展现代生产性服务业短时间内将会无法得到有效支撑，因此，大力发展以交通运输、仓储物流、邮政、批发集散为主要形式的流通性服务业应当成为优先选择。第一，民族地区流通服务业发展空间巨大。西部大开发以来，民族地区工业发展始终保持高速增长，并且随着西部地区承接中、东部地区工业转移，民族地区的工业在一定时期内仍将会保持较快速度增长，伴随着工业的增长，交通运输、仓储物流的社会需求必然会随之扩大。同时，由于民族地区石油、天然气、煤矿、有色金属等能源产业发展已经具有相当规模，其产品的区域外运输必然也会需要大量的交通运输、仓储物流条件作为支撑。第二，"一带一路"倡议为民族地区流通服务业发展提供了政策保障。随着国家"一带一路"倡议的不断推进，拥有广袤边境口岸的民族地区的跨境小额贸易必然会如"雨后春笋"般快速发展，这种发展具有很强的稳定性和政策保护性，因此其能够为流通服务业发展提供保障。

另外，电子商务作为十分有效的破解民族地区区位屏蔽劣势的途径之一，能够成为民族地区拓展市场空间的重要手段。因此，民族地区需要以市场为导向，坚持培育和引进具有先进技术和经验的电子商务龙头企业，不断优化本地区电商的发展环境。同时，将电子商务平台与农业产业发展相结合，推动涉农电子商务发展。加快电子商务线下基础设施建设力度，推动线下产业和线上平台融合发展。

（二）夯实服务业发展基础，不断推进新兴贸易发展

以制度为牵引，不断夯实民族地区服务业发展基础，促进民族地区间不同类型服务型企业的合作，引导产业集群化发展，提升其在全国和国际市场的竞争力。依托商贸物流体系的现代化发展，寻找民族地区新的服务业业态形式。可以尝试以大中城市为核心，加快中央商务区和电子商务集散区的建设。对于小型商贸企业，推广连锁经营和特许经营模式，优化提升民族地区服务型贸易的发展路径。民族地区在"一带一路"倡议实施的历史机遇期，需要充分挖掘自身区位特点，根据边境贸易发展趋势和本地区服务贸易的优势，在稳定发展优势贸易项目的同时，不断推进新兴贸易项目。具体而言，稳定物流运输、建筑安装、劳务输出与外包等传统优势贸易项目，大力发展国际性服务外包项目，综合本地区旅游、生态和民族文化资源，以旅游文化服务为带动，发展跨境区域服务型贸易。分省区来看，建议可以将云南、广西、新疆三省区重点打造为我国西部地区服务型贸易的核心地区，内蒙古和贵州建设成为服务型贸易发展的基地，推进宁夏、青海、西藏三省区服务型贸易的发展。[1] 当然，现代化服务型贸易体系的优化发展，离不开人才的支撑，而人才匮乏却恰恰是目前制约民族地区经济快速发展的主要障

---

[1] 黄毅：《我国西部民族地区服务贸易竞争力研究》，载《国际商务（对外经济贸易大学学报）》，2017（1），75~87页。

碍之一,因此,民族地区须高度重视服务型贸易管理人才的引进与培养,特别需要加强大数据、信息服务、金融保险等社会紧缺领域的人才引进力度。

(三)挖掘民族文化内涵,加快旅游产业转型升级

民族文化是民族地区发展旅游业的重要核心基础之一,不断挖掘民族文化内涵,增强旅游区文化底蕴,是推动旅游业健康发展的关键所在。应在有效保护传统优秀民族文化不被破坏的前提下,对其进行适度商业化包装,将民族文化通过旅游产品的形式向游客提供。这其中,保留区域文化特色是保持旅游产品市场经济能力的重要保障,没有民族文化特色的旅游产品将无法得到游客的青睐,其生产发展将无法得到有效的延续,没有原则的商品化对民族文化会造成强烈的外部冲击,无异于"杀鸡取卵",因此必须高度重视民族文化与旅游业的融合发展,以文化促进旅游业增长,以旅游业反哺文化传承。另外,借助"互联网+"理念,实现民族地区旅游产品转型升级。一方面,给民族地区特色传统文化注入新的现代元素,利用互联网技术让游客自主选择,主动了解民族风情,尝试推出一批具有鲜明民族文化特点的网络旅游产品,让市场和信息技术相互融合,提升旅游产品的旅客体验。同时,基于互联网的大数据挖掘功能,向游客精准推送旅游产品信息,解决游客旅游诉求和旅游企业信息不对称的问题。另一方面,旅客对于民族地区旅游产品的第一印象往往来源于网络,因此可以尝试利用互联网的整体性、双向性、可视性等特点,突破民族地区的区位限制,塑造特色鲜明的旅游品牌形象。云南旅游业的发展已经开始相关探索,提出了"一部手机游云南"的概念,旅游产品数字化转型升级工作正在稳步推进并取得阶段性成果。其他省区可以以其为借鉴,促进本地区旅游产业的更快、更好发展。

第三篇　专题报告

乡村振兴战略背景下民族地区民宿产业发展情况报告

农业强不强、农村美不美、农民富不富,决定着亿万农民的获得感和幸福感,决定着我国全面小康社会的成色和社会主义现代化的质量。① 党的十九大提出实施乡村振兴战略,坚持农业农村优先发展,按照产业兴旺、生态宜居、乡风文明、治理有效、生活富裕的总要求,建立健全城乡融合发展体制机制和政策体系,加快推进农业农村现代化。其中,产业兴旺是乡村振兴的基础和核心。如何培育产业,形成内生动力,让乡村恢复生机,是当代中国必须完成的答卷。

2018年新春伊始,中共中央、国务院公开发布《关于实施乡村振兴战略的意见》,对实施乡村振兴战略作出顶层设计,明确提出"实施休闲农业和乡村旅游精品工程,建设一批设施完备、功能多样的休闲观光园区、森林人家、康养基地、乡村民宿、特色小镇。对利用闲置农房发展民宿、养老等项目,研究出台消防、特种行业经营等领域便利市场准入、加强事中事后监管的管理办法。发展乡村共享经济、创意农业、特色文化产业"②。民宿产业作为一种深度休闲度假式的旅游业态,在深化供给侧结构性改革、推动产

---

① 中央农村工作会议,http://www.gov.cn/xinwen/2017-12/29/content_5251611.htm,中国政府网。
② 《中共中央国务院关于实施乡村振兴战略的意见》(中发〔2018〕1号)。

业融合发展、促进脱贫攻坚等方面具有重要作用。民族地区民宿产业发展已成为乡村经济发展的新动能，有利于扩大民族地区就业机会，增加农民收入，成为传承传统文化、复兴乡村文明的新载体。大力推动民族地区民宿产业健康、快速发展，有利于推动民族地区精准脱贫步伐，加快民族地区全面小康、乡村振兴进程。

一、我国民族地区民宿产业发展概况

民宿起源于18世纪的欧洲，当时的部分高官贵族流行到农村休闲度假，由于农村休闲度假尚未全民化，临时借用农村用房或民居，形成了早期的民宿概念，与家庭接待类似，多数采用B&B（Bed and Breakfast）的方式经营。民宿主人通过自家住房空余的部分空间，结合当地特有的生态环境资源，自然、人文景观以及农林牧渔等生活和生产活动，以家庭副业经营方式，提供给游客在当地游玩、体验乡野生活的住所。民宿在日本、英国、美国、中国台湾已有近百年的发展历史，多位于依山傍水、风景秀美之地，当地的农户或渔民把空闲房间以低廉的价格供旅游者使用，以亲近自然、价格低廉、居住方便、服务贴心等优点深受游客喜爱。经过较长时期的发展，民宿逐渐形成了行业协会组织，在民宿经营中高度关注人性化和个性化体验，呈现出多样化、民俗化、本地化、家庭化等特点。

20世纪80年代末，民宿开始在我国兴起，最初始于乡村农家乐，满足游客需求，后来在各大古镇和特色旅游城市获得发展，在旅游景区周边依托于旅游景点，以景区为核心向周边辐射。目前主要集中在广东、浙江、山东、云南、北京、四川等地，在旅游城市最为火热。随着国民经济的快速发展，我国的旅游模式已经从景点游转向了乡村深度游，以民宿为主要代表的非标准住宿的快速成长成为中国旅游住宿业中一个耀眼的亮点，"小民宿"构造出的"大市场"越来越吸引着社会方方面面的注意力和关注度。

2017年10月1日,国家旅游局出台《旅游民宿基本要求与评价》国家标准,为民宿健康可持续发展提供了引导性规范,使相关部门和民宿从业者有规可循。浙江、海南、四川、云南、陕西、江苏、上海等地相继对民宿产业健康发展出台相关标准和支持举措,在政策、资金、品牌建设等方面进行全方位的投资建设。中国旅游协会民宿客栈与精品酒店分会发布的《2017年民宿产业发展研究报告》显示,截至2017年11月19日,我国大陆客栈民宿在"去哪儿网"平台注册量总数达到20.24万家,相比2016年的4.81万家增长了15.43万家,增长率超过320%;艾瑞咨询发布的《2017年中国在线短租行业研究报告》显示,2017年民宿市场交易规模预计达到125.2亿元。国内民宿的数量呈现爆炸式的增长,民族地区民宿数量也呈现急剧增长态势。截至2017年底,浙江丽水民宿达到3800多家,主要集中在民族地区和旅游景区周边,云和县推出的"六头"民宿,通过木头、门头、床头、灶头、田头、墙头等"六头",把农村农业生产、农耕文明、农民生活等都做成产品,把民宿变成了当地产业的销售窗口,使民宿成为当地的支柱产业;湖北省恩施土家族苗族自治州已有民宿2300余家,逐步探索出核心景区带动型、高山休闲避暑型、城市旅游创新型、城镇功能辐射型、乡村旅游依托型五种民宿发展模式;湘西土家族苗族自治州、黔东南苗族侗族自治州、海北藏族自治州的民宿数量也均超过1000家。2017年11月22日召开的第三届全国民宿大会指出,我国民族地区的民宿产业发展虽然起步不早,但发展力度大、发展模式新,形成了点线面多极发展、多点开花的局面,在推进旅游产业融合发展、促进精准脱贫、带动群众脱贫致富等方面积累了很多成功经验,大力发展民宿产业,壮大民宿经济,已经成为民族地区推进全域旅游、加快精准脱贫的重要环节。

二、民族地区发展民宿产业的必要性

2017年,全国乡村旅游达到25亿人次,旅游消费规模超过1.4万亿元。① 乡村旅游已经成为一种全新的生活方式,在精准扶贫、美丽乡村建设与农村产权制度改革等领域作用显著,更是大众创业、万众创新伟大实践的探索、乡村振兴战略的重要突破点,对深化供给侧结构性改革、推动产业融合发展、实现全面小康等方面具有重要作用。如何充分发挥民族地区自然风光优美、人文景观独特的优势,积极推动农村闲置农房开发乡村旅游,盘活农村沉睡资产,发展乡村民宿,把特色民宿产业作为旅游供给侧结构性改革的经济业态创新,使民族地区乡村每个元素都成为市场要素,让农村市场经济得到充分发展,让更多农民成为市场主体,利用民宿产业这一抓手整合民族乡村的资源优势,调动少数民族群众内生发展的动力,改变民族乡村环境,传承民族文化,成为民族地区经济发展、实现乡村振兴的关键环节。

1. 民宿产业是聚集资源要素的新途径

民族地区乡村有着秀丽的山水、清新的空气和优良的生态等稀缺自然资源,民族特色美食、特有的物质及非物质文化遗产、特色少数民族文化等潜能都亟待挖掘。如何盘活民族地区"沉睡"资产,把资源变资产、把资产变资本、把资本变资金,把富余的劳动力和优势资源对接起来,产生乘数效应,实现资源再利用、价值再提升,是新时代建设美丽乡村、实施乡村振兴战略必须解决的难题。民宿恰好架起了城乡要素资源互联、互通、互融的桥梁,通过发展民宿产业,可以激活消费市场、资本市场和资源市场,使乡村

---

① 《一张图快速了解2018年全国旅游工作会议》,http://www.cnta.gov.cn/xxfb/jdxwnew2/201801/t20180109_852952.shtml,中华人民共和国文化和旅游部网站。

重新聚集人气、焕发活力、重现生机。

2. 民宿产业发展是脱贫攻坚的着力点

开展民宿旅游是推进产业扶贫、拓宽增收渠道的重要抓手,是加快精准扶贫、精准脱贫的有效途径。民族地区有着优质的旅游资源,因地制宜发展旅游民宿产业,可以吸引大量市民到乡村体验、生活、养老、休闲、度假,使乡村逐渐成为消费市场的主战场,直接或间接带动民族地区贫困群众就业,让贫困群众通过民宿等旅游新业态深度融入一、二、三产业发展体系,更宽范围地分享产业链的红利,实现农民增收、群众脱贫、共同致富。

3. 民宿产业发展是农业供给侧结构性改革的新抓手

新形势下,农业主要矛盾已经由总量不足转变为结构性矛盾,主要表现在阶段性的供过于求和供给不足并存上。通过大力发展生态文化旅游业,以民宿产业为切入点,可以探索农村宅基地集体所有权、农民房屋财产权、房屋使用权等"三权分置"制度改革,让广大游客亲自体验特色农产品"种养加"的全过程,建立起看得见、摸得着的追溯体系,提升产业附加值、可信度和知名度,促进产品提档升级,形成品牌效应,进一步推动农村农业改革。

4. 民宿产业发展是乡村振兴的突破点

农业农村部发布的 2018 年第一季度农业农村经济运行情况显示,农村外出务工劳动力总量达到 1.74 亿人。① 外出务工导致大量的农房、耕地等闲置,农村很大程度上存在未富先懒、无所事事、自甘沉沦的闲散劳动力和闲散时间,该现象在民族地区、贫困地区尤为严重。民宿在推动乡村发展中的特殊功能,可以通过创造优良环境,吸引能人回乡创新创业、乡贤回乡献智献策,拉动乡村消费和乡村投资,带动民族地区剩余劳动力就业创业。打造一批有民族

---

① 农业农村部就一季度农业农村经济运行情况举行发布会,http://www.gov.cn/xinwen/2018-04/23/content_5285144.htm#1,中国政府网。

风情、有情怀、有特色的精品民宿，以旅游民宿带动农村产业发展，彰显和释放民宿在促进传统村落保护、传统社区再造和美丽乡村建设等方面的社会功能，逐步实现产业兴旺、文化兴盛，推动城乡一体发展，撬动民族地区乡村振兴。

三、民族地区民宿产业发展存在的问题

民宿在国内如雨后春笋般"拔地而起"，其发展规模之大、速度之快，引人瞩目。其主要原因在于，地方政府开始把民宿当成一个新兴的产业来重视、培育，集群式区域开发大规模涌现；大型企业，不管是上市公司还是房地产企业都开始进入民宿经营市场。基于以上推动主体和开发主体的进入，民宿产业也存在一定程度投资过热、盲目投资等现象，民宿供大于求的现象在全国各地普遍显现。民族地区民宿产业正处于起步阶段，短期内已得到快速发展，但仍存在以下问题。

1. 遍地开花，一味复制

《2016—2017中国客栈民宿行业发展研究报告》数据显示，2014年我国大陆客栈、民宿仅有30231家，2015年末增长至42658家，2016年达到53852家，2017年末突破20万家。但在旅游旺季之外，全国客栈、民宿平均入住率不足50%，房价在101～200元区间内的占比最高，主要为低端客栈民宿。在众多民族地区，民宿项目开发理念上常带有城市化、景区化和房地产化的痕迹，在村落、民宿的改造上忽视了与当地特色的民族、民俗文化相结合，使民族地区的民宿发展失去特有的竞争优势。此外，有些民族地区山水同源、民风民俗类似，在乡村旅游开发时互相抄袭、模仿复制、做表面文章，忽视了对民族文化元素的挖掘，民宿建设、乡村旅游还停留在原始的农家乐形式。此外，产品同质必然导致恶性价格竞争，削弱整体竞争力和区域发展潜力。

2. 基础薄弱，服务缺位

习近平总书记在党的十九大报告中提出，"中国特色社会主义进入新时代，我国社会主要矛盾已经转化为人民日益增长的物质文化需要和不平衡、不充分的发展之间的矛盾"。民族地区乡村建设的不平衡主要表现在地区之前、城乡之间、农村经济之间，不充分主要表现在基础设施、社会事业、公共服务上的短板，基础薄弱、规划滞后等因素对发展乡村旅游、民宿产业有着明显的制约。民宿设计、运营需要个性化，民宿服务需要在满足基本服务的基础上体现个性化，传递有温度、有情感的服务。民族地区民宿经营者文化程度普遍较低，缺乏现代经营理念，甚至还停留在做农家乐、客栈的思维方式上，导致在基础的住宿配置和服务上缺位，导致在激烈的竞争中处于劣势。

3. 规划滞后，产业断层

民宿追求的是一种返璞归真、自然而然的发展理念，在长期的发展中必须要坚持与时俱进。民族地区民宿产业正处于发展初期，在快速开发中，乡村基础设施建设、环境承载力滞后于发展速度，满足不了游客需求，导致环境问题不断涌现。在利益驱使下，对民族文化、民俗风情的过度商业化开发，导致民族地区民宿失去本真。在规划中除更多地考虑自然资源、人文资源、交通条件等硬件因素，忽视了民宿产业发展的软环境，吃、住、行、游、娱、购等环节尚未形成完整的产业链。

4. 形式单一，各自为战

民宿不仅仅是农家乐、客栈的升级版，更重要的是能够让客人在乡村中感受到温情、体验到文化、拥抱到山水，能够有"家外之家"的感觉。在多数民族地区，民宿以自主独立经营为主，基本上只是给游客提供住宿和餐饮服务，还停留在过去的"农家四件套"（即吃农家饭、摘农家果、做农家事、住农家屋），没有利用好周边的特色发展配套产业。此外，绝大多数民宿主之间缺乏交流、合作、信息闭塞、独立经营，没有形成具有客源共享的规模经济效应。单兵作战使经营成本、交易成本、交易风险居高不下，旅游接待能力无法满足民族地区日益增长的旅游需求。

5. 缺乏管理，品牌淡薄

民宿国家标准已正式落地，对民宿基础性的卫生、安全、服务等方面做出了规范。很多民宿预订平台和民宿企业正积极按照标准整改、升级，但民宿标准的出台从目前看来只具有参考意义，政府的监管存在盲区，安全、隔音、卫生等困扰游客的民宿乱象仍难终结，对该行业的规范和审批缺乏相应的法律法规，立法滞后，甚至还有不少证照不全或是非法经营的民宿存在，留下安全隐患。此外，民族地区民宿建设还未形成标准体系，运营人才匮乏，品牌化意识重视不够，在互联网经济、共享经济飞速发展的今天，品牌的缺失将导致民宿无法通过互联网扩大知名度和影响力，难以得到长远发展。

四、民族地区民宿产业发展提升策略

民族地区脱贫攻坚、全面小康步伐正在稳步向前，乡村旅游、民宿产业发展也迈进了新时代。民族地区民宿产业必须在特色、品牌、基础、服务、文化、管理、政策、市场等方面协同发展，创新发展。

1. 突出特色，打造区域民宿品牌

民族地区民宿旅游产品开发时要杜绝"拿来主义"，民宿并非升级版的农家乐，打造区位品级是发展民宿的前提，民宿要具备专业性、舒适性和个性，要体现民宿的情怀。民族地区民宿不能简单由农家乐、牧家乐、渔家乐、客栈宾馆"改头换面"而来，转型经营民宿也并非是简单升级，而是一项换血再造的大工程。因此，要从大处着手，结合不同民族、不同地域实际，深入挖掘其资源和文化优势,把民宿产业发展、民宿旅游纳入全域旅游规划,科学做好民宿产业发展专项规划,在规划设计中吸收"众筹农业""田园综合体""共享农庄""乡村创客"等新发展模式,将其成功经验充分融入民宿发展规划,突出民族地区特色,努力打造区域性民宿品牌,形成区域错位发展优势,充分满足游客需求。

2. 注重体验,完善基础配套服务

诸多民族地区乡村旅游还停留在原始的农家乐形态,游客参与性、体验性项目少,导致乡村旅游留不住人,吸引不到回头客。真正可供游客停留下来的民宿应让游客深度参与,如与民宿主人同吃、同住、同劳动、同娱乐,利用智慧乡村旅游手段,将"零星散种"的农家乐、牧家乐、渔家乐等编织成网,由单一吃住向多元化发展,实现食、住、行、游、娱、购一条龙服务,提升游客住宿体验,推动传统乡村旅游产品提质、升级。要进一步完善基础配套设施,注重提升民宿的外部环境,加大公共财政投入的同时,积极吸引社会资本,对现有基础设施进行改造、升级,整修、拓宽旅游公路、乡村道路,修建公共停车场,建设标准旅游厕所,扩容改造水电通信管网,做好污水、垃圾处理等基础设施配套工作。

3. 挖掘文化,提升民宿旅游品质

《国务院办公厅关于促进全域旅游发展的指导意见》(国办发〔2018〕15号)明确,要全面提升旅游产品品质。在长期的历史发展进程中,少数民族创造了丰富多彩、各具特色的优秀传统文化,这是一笔宝贵的文化遗产,也是重要的文化旅游资源。民族地区民宿产品供给上,要深入挖掘民族地区历史文化、地域特色文化、民族民俗文化、传统农耕文化、传统手工艺文化等,加强民宿所在区域的人文环境建设,丰富文化产品和服务的供给类型和供给方式,以文化旅,以文促旅,为民宿发展营造良好的人文环境和旅游消费氛围,不断提升当地农民的人文素养。采用"景区+民俗+旅游+民宿"方式,开发特色文化产品,把农产品、手工艺品变成礼品,提升民族地区乡村旅游吸引力,拓展民宿产业链条,促进民族地区一、二、三产业融合发展。

4. 加强管理,保护民宿旅游环境

目前,在国家层面对民宿的管理还没有统一法律保障,民宿发展存在合法经营问题。从长远看,还应从国家层面出台更多行业标准,如经营环境、消防安全、食品安全等,完善相关政策法规,健全民宿准入、退出与激励的机制。民族地区要尽快制定地方性的民宿管理条例,对民宿的标准、经营资质、准入条件进行约定。同时,尽快成立民宿经营协会组织,利用协会组织监管民宿发展,并在营销宣传、经营者文化和艺术素养培训等方面发挥积极作用,进一步提升民宿旅游品质。民宿产业的迅速市场化和商品化,可能会导致过度追求商业利益,误入我国现在古镇开发和乡村旅游发展的"俗套"。民族地区民宿旅游开发需要政府介入,科学界定开发时序、类型、规模,引导民宿市场投资者发挥社会责任感,使民族地区民宿高质量、可持续开发。

5. 市场主导,构建利益相关机制

没有资本的进入,民宿走不远,也走不好。民族地区民宿产业发展要充分发挥市场在资源配置中的决定性作用,要想方设法鼓励吸引众筹、创客、企业等多元主体,发挥市场的主导作用,村集体牵头融资、农民资金入股、农房估价参股等多元模式参与民宿开发建设,让农村各种优质资源效益得到最大发挥。但同时必须兼顾好农民合法权益,坚持把维护农民合法权益放在重中之重的位置,构建利益相关者冲突解决机制,采取"村集体+农户""公司+村集体+农户""公司+合作社+农户"等经营方式,以农民为主体,让农民以土地、空置房屋投资入股经营,或在民宿做工,解决民宿的资本投入、用工问题,确保农民在发展民宿经济中有获得感,实现互利互惠、共同富裕。

6. 集群发展，出台地方支持政策

德清莫干山高端民宿集聚、舟山群岛"东海人家"特色海岛民宿、临安独特的"乡宿"等成功案例表明，民宿的品牌化和集群化才是民宿产业发展的成功之道。在以产业化思维发展民族地区民宿的现阶段，民族地区各级政府要进一步完善、出台发展民宿旅游的实施意见，推动产业集聚，形成板块效应、集群效应、规模经济，使之发展成为成熟业态。各级政府要继续出台相关扶持政策，与易地搬迁、危房改造等精准扶贫政策相结合，为民宿发展培训一支懂经营、高素质的民宿经营管理队伍，要在农村产权制度改革、治安管理制度、城乡保洁作业规范、土地供给、房屋流转、项目审批上因地制宜，在人才培训、资金补助、税收等方面继续给予更大的扶持和优惠。

兴边富民行动与广西边境地区发展研究

长期以来，由于特殊的自然、地理、历史等原因，边境民族地区经济社会发展明显滞后，已成为新时代我国发展不平衡、不充分最具典型性和代表性区域之一。对于如何促进边境地区加快发展，党中央、国务院始终予以高度关注和有力支持，并于2000年正式启动专门针对边境地区发展的兴边富民行动。本调研报告力求系统梳理广西实施兴边富民行动后近年来边境地区经济社会发展变化、存在的困难与问题并提出针对性对策建议，以更好地推进兴边富民行动，确保边境地区力争到2020年与全国同步全面建成小康社会。

一、调研对象的选择

本次调研地点选择广西壮族自治区，主要基于以下原因：

一是广西特别是边境地区战略地位重要且特殊。广西地处祖国南疆，是我国唯一与东盟既有陆地接壤又有海上通道的省区，在大开放大开发的时代背景下利于自身全方位参与"一带一路"建设，形成开放、发展的新格局。

二是广西边境地区整体发展趋势良好。截至2016年底，广西边境8县（市、区）地区生产总值810.44亿元，人均地区生产总值为36588.5元，农民人均纯收入9777元，分别比2010年增长了

113.36%、138.15%、132.41%，超过广西同时期平均增长幅度。

三是广西高度重视兴边富民行动，推进边境地区加快发展。作为我国少数民族人口最多的一个省区，广西针对边境地区"老、少、边、山、穷"的现实特点，为全面推进边境地区大发展、大提高、大进步、大团结、大稳定，自2000年以来广泛动员社会各界力量，集中人力、财力、物力，先后组织实施3次兴边富民行动大会战，开展基础设施、产业发展、社会保障等建设，促进边境地区经济社会面貌显著改善。

本次调研涵盖广西边境地区防城港、崇左、百色三市（详见表1），共有防城港市防城区、东兴市，崇左市龙州县、大新县、宁明县、凭祥市，百色市那坡县、靖西市等，共8县（市、区），涉及国土面积1.8万平方千米，陆地边境线1020公里，全部与越南毗邻。截至2016年底，广西8个边境县（市、区）辖84个乡镇、1014个行政村，总人口267.8万人，其中少数民族人口219.9万人，占总人口的82.1%，户籍城镇人口为66.89万人，户籍人口城镇化率为25%。

二、调研对象基本情况

表1 广西壮族自治区8个边境县（市、区）基本情况统计表

边境县（市、区）	面积、总人口与少数民族概况	区位特征和优势	口岸情况
防城区	2427平方千米，总人口43.85万人，少数民族人口占比35.7%	地处广西北部湾经济区的核心地带	峒中二类口岸
东兴市	589平方千米，总人口14.74万人，其中京族人口1.87万人	东兴是我国唯一与越南海陆相连的国家一类口岸城市，唯一海洋少数民族京族的聚集地	水口、东兴两个一类口岸，科甲二类口岸

续表

边境县(市、区)	面积、总人口与少数民族概况	区位特征和优势	口岸情况
龙州县	2311平方千米,总人口27.29万人,壮族人口占比95%	素有"边陲重镇""小香港"之称	
大新县	2747平方千米,总人口38.34万人,其中少数民族37.4万人	地处南宁、百色、崇左3座中心城市的交汇处,通往越南等东南亚各国的陆路大通道之一	硕龙二类口岸
宁明县	3704平方千米,总人口44.3万人,壮族占比77.1%	广西陆地边境线最长的县,崇左市面积最大的县,"中国八角之乡"	爱店一类口岸
凭祥市	645平方千米,总人口11.4万人,少数民族占比85.6%	素有"中国南大门"之称	凭祥、友谊关两个一类口岸,平而二类口岸
那坡县	2231平方千米,总人口21.7万人,少数民族人口占比95%	广西和云南两省区旅游及经济往来的过渡带	平孟一类口岸
靖西市	3326平方千米,总人口65.97万人,壮族人口占比超过99%	气候"小昆明"之称,山水"小桂林"之誉	龙邦一类口岸,岳圩二类口岸

注:原始数据来源于《广西统计年鉴2017》和广西民族宗教事务委员会。

三、广西兴边富民行动取得显著成效

广西紧紧把握国家实施兴边富民行动的战略机遇,开创性地以大会战方式,持续强力推进兴边富民行动,促进边境地区基础设施建设、民生改善、特色优势产业发展、沿边开发开放水平提升及维护民族团结和边防稳固,有效解决了边境地区群众的困难和问题,建设繁荣、稳定、和谐边境。

（一）边境基础设施加快改善

广西先后组织实施3次边境兴边富民行动基础设施建设大会战，共投入资金37.9亿元，有力地改善了边境基础设施。一是边境交通基础设施不断完善。截至2017年底，广西边境8县（市、区）已全部通高速公路，84个边境乡镇实现"乡乡通"等级油路或水泥路，所有具备条件的建制村通公路、基本实现通硬化路，边境农村路网进一步完善，农村道路运输能力和通畅率明显提高。二是边境国际道路运输便利化明显提升。广西积极落实"陆路东盟"战略，以边境口岸公路为重点，已建成（南宁至友谊关、防城至东兴）和在建（靖西至龙邦、崇左至水口）4条高速公路、全部建成8条普通公路（防城至东兴一级公路；接龙州至水口、靖西至龙邦、宁明至爱店、凭祥至平而、那坡至平孟、龙州至科甲、大新经雷平至硕龙7条二级公路），便于与越南等东盟国家运输往来。三是边境地区信息基础设施建设得到进一步加强。广西通过兴边富民大会战广播电视有线联网等项目的实施，积极打造广播电视宽带农村边境长廊，目前，8个边境县（市、区）所有乡镇均已实现双向宽带全覆盖，农村网络数字化转换已基本完成。

（二）边境民生保障力度不断加大

"十二五"期间，边境地区教育、文化、卫生、体育等基本公共服务条件进一步改善。一是边境各级各类教育快速发展。截至2016年底，广西8个边境县（市、区）学前教育三年毛入园率均达到76%以上，学前教育实现了跨越式发展；九年义务教育巩固率均达到89%以上，义务教育跨入了均衡发展新阶段；高中阶段教育毛入学率均达到80%以上，为基本普及高中阶段教育奠定了良好基础。二是边境各族文化进一步繁荣发展。广西高度重视边境地区公共文化服务体系建设，并把战略重点逐渐转向县、乡和农村基层，初步形成了覆盖城乡、结构合理的基层公共文化服务网络。截至2017年，边境地区共建成县级图书馆8个、县级文化馆7个，覆盖率87.5%；建成乡镇综合文化站83个，覆盖率100%；建成村级公共服务中心908个，覆盖率90.61%；建成博物馆13座。所有的图书馆、文化馆、乡镇综合文化站和大部分的博物馆实行免费对外开放。三是边境农村居民的医疗保障体系建设成效明显。实施农村居民参合代缴补助工作，"十二五"以来，广西制定《关于落实扶持全区距陆地边境线0~20千米范围乡镇农村居民参加新农合个人缴费政策的通知》和《关于印发广西壮族自治区边境0—20公里农村居民参加新型农村合作医疗个人缴费补助资金管理办法的通知》等文件，将距陆地边境线0—20公里范围内农村居民全部纳入新农合制度保障范围，由自治区各级财政代缴个人参合费用。

（三）边民补助进一步提高

一是边民生活补助政策不断完善。为着力推进兴边富民行动，改善边境地区农村居民的生产生活条件，维护边境地区和谐稳定，广西对距离边境线0~3千米范围内的行政村居民实行补助补贴制度，2012—2017年，广西本级财政共投入资金28.46亿元，使8个边境县（市、区）220多万人次享受到边民补贴，为守边、固边、兴边发挥了重要作用。二是边境城乡居民基本养老保险试点有序推进。以实施兴边富民行动大会战为契机，广西在全区推进城乡居民基本养老保险工作中，重点向边境地区倾斜，优先将全区8个边境县（市、区）纳入城乡居民基本养老保险试点范围。三是认真贯彻执行艰苦边远地区津贴制度。"十二五"期间，广西8个边境县（市、区）均被列为国家二类艰苦边远地区类别。

（四）特色优势产业培育不断加强

广西大力发展特色优势产业，促进边境地区农业增产、农民增收。一是发展边境工业园区。加大对东兴、凭祥、龙州、靖西、防城区等边境市县工业园区的专项资金投入,加快完善基础设施,提升承载和服务项目能力,促进工业产业发展。二是发展边境现代特色农业产业。"十二五"以来,广西积极扶持边境地区发展烤烟、田七、茶叶、桑蚕、水果等特色种植业和水产品、海产品、畜禽等特色养殖业,促进边境现代特色农业产业发展。推进边境地区"一村一品"建设,立足"一村一品""百村示范""美丽广西"等项目建设,打造乡村休闲农业旅游景点,发展生态田园型农业。三是发展边境特色产业。2011—2017年,累计投入扶贫产业资金15377.88万元,共扶持9个产业园区完善基础设施;考核认定东兴市京岛海洋渔业(核心)示范区、凭祥市宝岛美人椒产业(核心)示范区为自治区级示范区。核心示范区面积13188亩,辐射区40362亩,受益村屯44个,直接受益人数达10万人以上。

(五)沿边开发开放水平大力提升

"十三五"以来,广西全力推进边境开发、开放、发展。一是推动边境地区深度融入"一带一路"建设。依托广西区位优势,按照习近平总书记"做足'边'的文章"要求,加快推动边境地区融入"一带一路"建设。通过完善边境地区各级政府对外合作机制,推动沿边重点地区加快发展,强化对毗邻地区产业的辐射、带动能力。依托中国—中南半岛经济走廊、中国—东盟博览会和商务与投资峰会等合作平台,促进边境地区与周边国家和地区经贸、文化、科技交流与合作,形成"一带一路"有机衔接的重要门户。二是提升沿边开放便利化水平。加大沿边口岸开放力度,积极争取国家扶持,友谊关、东兴、峒中、硕龙等4个口岸获得国家批复升格和扩大开放。同时,加强边境口岸、互市点基础设施建设,进一步优化口岸环境,提高通关效率。友谊关等货运通道口岸基建项目建成并投入使用,龙邦口岸货运专用通道和验货场所等项目建设进一步加快。三是加强边境地区开发开放平台建设。加快推进广西东兴、凭祥重点开发开放试验区建设,研究设立百色国家级沿边开放平台,加快建设国际贸易基地、国际物流中心、进出口加工基地、国际人文交流中心。积极推动国家批准在重点边民互市贸易点设立边防检查机构,促进边民互市贸易发展和创新升级。

(六) 社会和谐稳定局面进一步巩固

一是不断巩固和发展边境民族团结进步事业。牢牢把握各民族共同团结奋斗、共同繁荣发展主题,以"和谐壮乡"和"团结进步"为主基调,以民族团结进步创建活动进机关、进企业、进乡镇、进社区、进学校、进宗教场所为主阵地、主渠道,大力开展以爱国主义为核心的民族团结进步宣传教育,妥善处理涉及民族因素、可能影响民族团结的矛盾纠纷,使"三个离不开"的思想更加深入人心,共建和谐壮乡,共建民族团结进步和谐美丽边境。二是通力共建和谐边疆。完善边境地区治理协调机制,加强跨部门、跨区域应急联动,提升联合处置能力。扎实推进爱民固边模范村(社区)、乡镇、县市创建,建立、完善爱民固边模范系列动态考核和命名表彰管理机制,提升模范系列创建工作质效。全面、正确贯彻党的宗教工作基本方针,引导宗教界人士和信教群众为稳边固边和边境地区发展服务。继续开展和谐寺观教堂创建活动。

四、广西边境地区发展存在的困难和问题

近年来,通过实施兴边富民行动,广西边境地区取得了阶段性成效,但仍然面临许多困难和问题,主要表现在以下几个方面。

(一) 边境地区经济发展较为落后

截至 2016 年底,广西边境总人口 267.8 万人,其中少数民族

人口219.9万人，占总人口的82.1%，是高比例少数民族聚居区，属于典型的"老、少、边、山、穷"地区。广西8个边境县（市、区）中，有国家扶贫开发重点县3个，自治区扶贫开发重点县2个，全国滇桂黔石漠化片区县5个。8个边境县（市、区）土地面积合计占全区的7.6%，但地区生产总值合计仅占全区的4.4%，城镇居民人均可支配收入27337元，未达到广西平均水平（28324元），更与全国平均水平（33616元）存在较大差距。"十三五"期间，广西8个边境县仍有385个贫困村、40多万贫困人口，边境地区经济社会发展滞后，贫困面大。

（二）基础设施建设仍然落后

一是边境交通设施建设落后。虽然离边境线0~20公里范围的村屯基础设施得到了较大改善，但广西边境地区多是少数民族聚居区，大多地处边远山区，大部分处在地理环境恶劣、地形复杂的边远山区，当地缺乏各种建设原材料，远距离运输导致建设成本增加，各类项目建设所需投入的资金较多，地方自筹资金困难，严重制约项目建设推进，扶贫开发成本高且难度大，交通基础设施建设有待进一步加强。二是边境口岸基础设施建设落后问题突出。口岸基础设施简陋，制约了口岸吞吐能力和通关速度，造成大部分外贸进出口商舍近求远。宁明爱店口岸、凭祥平而口岸、龙州科甲口岸和大新硕龙口岸均为国家二类口岸，但基础设施落后，相邻地区对外经贸往来尚未形成规模，边贸活动主要是边民互市贸易，边贸成交量较少。三是农村基本生活设施建设滞后。农村水利设施老化，灌区灌溉水利用率低，90%以上的库、塘等多年未进行过清淤，大多数排灌渠、站多年失修，排灌站设施老化。

（三）社会事业发展滞后

教育方面，由于长期受战争影响，边境地区教育投入少，教育基础设施落后问题突出。边境地区学校整体办学条件达不到标准要求，生均校园校舍面积不足，教学配套设施装备不齐全。边境地区农村教学点分散，教育资源整合撤并后，边境地区村屯，特别是0~3千米学龄儿童上学困难问题未得到根本解决，留守儿童教育难度大，初中学生辍学现象时有发生。加之边境线上的学校大多远离城镇，居住条件差、交通不便、信息闭塞，中小学教师，特别是农村教师数量、学科、年龄、质量等结构性矛盾突出，影响基础教育质量进一步提高。

卫生方面，虽然边境地区各乡（镇）都设有卫生院，大部分行政村也设有卫生所（室），但是普遍存在人才外流增多、医疗技术人员缺乏、业务用房紧缺、医疗设备简陋等问题，难以满足边境地区各族群众的看病需求，造成"小病找村医、大病到县医"的状况，乡（镇）卫生院门庭冷落，特别是一些边境边远山区，边境各族群众看病难问题依然比较突出。

（四）边境开放开发力度欠缺

广西拥有7个一类口岸，5个二类口岸和26个边贸互市点，但已开放的7个一类口岸中仅有3个为国际性口岸，5个二类口岸未正式开放，只有36%的边贸互市点完全正常开展互市贸易，口岸开放力度不能满足边贸需求。

（五）项目建设力度有待加强

国家安排的兴边富民行动专项补助资金比较有限。虽然国家投入逐年增加，边境地区的基础设施条件得到一定的改善，但对于贫困面广、贫困程度比较深的边境地区来说，还远远不能满足实际需要。

五、深化兴边富民行动的思考建议

（一）强化兴边富民行动支持力度

一是强化行动政策落实。建议国家强化政策清单管理，梳理"十三五"期间兴边富民行动主要任务和项目，形成滚动更新的政策清单，依据清单制定考评、督查等工作计划，以明确的时间和任务表，督促相关任务和项目落实到位。二是加大对兴边富民行动的资金投入。2000—2013年，中央财政安排的广西兴边富民行动专项补助资金为3.76亿元，对于贫困面较大、程度深的边境地区来说，远远不能满足发展的需要。建议针对边境地区出台相关优惠政策、规定，确保每年对边境地区的人、财、物投入和扶持工作的连续性，加大对广西边境地区水、电、路、教育和民生等方面的投入力度，提高边境基础设施建设项目等级标准和补助标准，不断巩固边境建设成果，提升公共服务水平，让边境群众共享改革发展成果。三是探索建立一个国家扶持、群众和社会力量积极参与兴边富民行动的机制。应当正确处理国家扶持和群众自筹的关系，既要保证国家扶持资金的到点、到位，又要能够充分调动广大群众参与兴边富民行动的积极性、主动性和创造性，营造一个全社会关心、支持和参与兴边富民行动的舆论氛围，集中全社会的力量共同推进兴边富民行动。

（二）加快边境基础设施建设

边境地区基础设施建设，是边境地区全面建成小康社会迫切需要解决的基础问题，而边境地区的地方财力很有限，靠自身财力、能力无法解决，建议国家各有关部门大力投资改进边境地区基础设施，改善边境地区交通不便落后条件，为边境地区经济发展创造良好的外部环境。公路建设方面，支持广西推进凭祥—谅山—河内、东兴—芒街—下龙—河内、靖西—龙邦—高平—河内高速公路和峒中至横模大桥、水口至驮隆二桥等项目，支持靖西至龙邦、崇左至水口、隆安至硕龙等高速公路和 G219 防城峒中至东兴（包括峒中至东兴沿边公路升级改造）、G243 龙州至凭祥、硕龙至德天、G359 化峒至靖西等公路项目。铁路建设方面，支持广西实施湘桂铁路南宁至凭祥段扩能改造、南昆铁路百色至威舍段增建二线、靖西至龙邦铁路、防城港至云南文山铁路等项目建设；推动南宁—凭祥—同登—河内、防城—东兴—芒街—下龙—海防—河内两条国际铁路运输通道建设。航空建设方面，支持推进东兴、大新、龙州等通用机场建设。水利建设方面，支持广西推进界河治理二期工程建设。

（三）加快推进边境地区公共服务

建议国家各有关部门大力投资改进边境地区科技、教育、文化、水利、卫生、医疗、社保、口岸、外贸等公共服务设施，提升公共服务水平，让边境群众共享改革发展成果。一是加大对广西边境地区教育的投入力度。加强边境地区教师队伍建设，提高边境地区教育信息化水平，强化边境地区民族文化教育，实现边境地区教育跨越发展。二是建议国家各有关部门从稳边固边守边的角度出发，建立边民生活补助自然增长机制。安排更多边民生活补助资金，每年按照一定比例提高边民生活补助标准，争取边民生活水平略高于当地平均生活水平，不断改善边民生活状况。建立健全积极引导边民参加社会保险、就近就地就业创业等机制体制，促进边境地区经济发展、民族团结和边疆稳固。三是改善医疗条件。加大投入，解决看病难、就医难的问题，提升城镇医疗服务机构水平，加快推进边境农村卫生医疗服务体系建设，实行边民就医减免等多项优惠政策。四是继续巩固民族团结进步示范村屯建设，加强军地军民联系，共同开展以为民办实事活动为主要内容的形式多样、丰富多彩的爱民固边和民族团结进步活动。

（四）支持广西提升沿边开发开放水平

一是支持广西建设面向东盟的沿边经济带。支持广西加快构建面向东盟的东兴—凭祥—龙州—靖西—那坡沿边经济带，对于促进广西沿边地区开放开发，使边境地区群众与全区同步基本建成小康社会，确保边境地区安宁稳固，具有重大意义。二是支持广西建设面向东盟的国际大通道。推进经广西出境的泛亚铁路东线、中线和高速公路建设，出台相关政策，解决国际公路通道和运输便利化建设项目融资困难问题。三是支持广西推进中越跨境经济合作区建设。支持广西推进东兴、凭祥重点开发开放试验区建设，进一步加快推进中越跨境经济合作区建设，推进中越德天—板约瀑布跨境旅游合作区、东兴—芒街跨境经济合作区、凭祥—同登跨境经济合作区建设，推动中国龙邦—越南茶岭跨境经济合作区纳入两国共同总体方案。

（五）加强边境口岸建设和边民互市贸易

一是建议国家投资提升广西边境口岸等级，使每个县（市、区）均建成一类口岸，支持科甲口岸、平而口岸、岳圩口岸升格为国家一类双边口岸，支持爱店口岸升格为国家一类国际性口岸，支持龙邦口岸、硕龙口岸升格为国际性口岸并扩大开放，推进友谊关口岸、峒中口岸扩大开放。二是扶持边境贸易发展，在中国—东盟自由贸易区建成后，允许广西采取措施形成边贸优势行业。三是支持边境地区边民互市贸易政策创新。建议国家各有关部门支持广西创新边民互市贸易管理办法，开展边民互市合作组织试点工作，规范发展一批边民互市贸易示范点。

第四篇　地区报告

内蒙古自治区 2017 年经济运行情况及 2018 年发展趋势分析

2017年，内蒙古认真贯彻落实中央和自治区党委重大决策部署，坚持稳中求进工作总基调，贯彻新发展理念，坚持以推进供给侧结构性改革为主线，加快推动经济结构战略性调整，主要先行指标持续好转，经济结构进一步优化，经济运行动力在转换中增强，质量在转型中提升，实现了平稳、健康发展。展望2018年，在习近平新时代中国特色社会主义经济思想的指引下，随着供给侧结构性改革深入推进，经济新动能快速成长，内蒙古经济将继续向高质量发展阶段迈进，实现持续、健康发展。

一、2017年内蒙古经济运行基本情况

初步核算，2017年，内蒙古实现生产总值按可比价格计算，同比增长4.0%。分产业看，第一产业增加值同比增长3.7%，第二产业增加值同比增长1.5%，第三产业增加值同比增长6.1%。三次产业结构为10.2∶39.8∶50.0。

（一）经济运行总体平稳，经济增长质量提高

经济总体保持了平稳运行的态势，经济增长质量提高，就业稳定增加，价格温和上涨。经济增速虽有所回落，但是在经济下行压

力持续加大,去产能、去库存与稳增长等两难、多难问题更趋突出的情况下实现稳定增长,实属不易。随着供给侧结构性改革的深入推进,内蒙古供给端的质量和层次明显提高,一些高端、附加值高、符合市场需求的供给产品和服务明显增加,引导了需求的增加,形成了更高水平上的供需基本平衡。大力培育新动能和新增长点,经济的内生增长动力和可持续性大幅提升。如以云计算、大数据为代表的信息技术产业、新型煤化工产业、新能源产业、蒙医药等成为支撑内蒙古经济发展的新动能。就业稳步增长,全年内蒙古城镇新增就业 26.14 万人,城镇登记失业率为 3.63%。物价水平较为稳定,全年居民消费价格上涨 1.7%。

(二)先行指标持续好转,主要指标高位增长

内蒙古全社会用电量自 2017 年 2 月以来连续呈两位数增长,全年全社会用电量 2891.87 亿千瓦时,同比增长 11.0%,较上年上升 8.6 个百分点。其中,工业用电量 2531.45 亿千瓦时,同比增长 10.7%,较上年上升 8.9 个百分点。内蒙古货运量自 2017 年 2 月以来连续呈两位数增长,全年货运量完成 22.75 亿吨,同比增长 13.5%,较上年上升 5.8 个百分点。

(三)结构调整稳步推进,三次产业协调发展

1. 农牧业生产形势较好

种植业方面,压减籽粒玉米 783 万亩,超额完成了调减任务。粮食生产再获丰收,全年粮食产量达到 553.68 亿斤,居全国第十位,自 2013 年以来连续 5 年稳定在 550 亿斤以上。畜牧业方面,牧业年度牲畜存栏 1.26 亿头只,连续 13 年稳定在 1 亿头只以上。

2. 工业经济基本面较好

全年内蒙古规模以上工业增加值同比增长 3.1%,增速比上年回落 4.1 个百分点。分经济类型看,国有控股企业增加值同比增长

15.3%,股份制企业同比增长2.8%,外商及港澳台商投资企业同比增长5.8%。从六大支柱产业看,能源工业同比增长10.3%,化学工业同比增长11.8%,对规模以上工业增长的贡献率分别达到170.8%和47.7%,分别拉动工业增长5.3个和1.5个百分点。高新技术工业中,电子计算机通信业同比增长32.2%。从产品产量看,29种主要工业产品中有21种实现增长。其中,原煤同比增长7.7%,焦炭同比增长9.9%,钢材同比增长18.0%,单晶硅同比增长1.1倍,精甲醇同比增长8.7%,乳制品同比增长1.9%,彩色电视机同比增长25.4%。全年规模以上工业企业产销率达到98.2%,较上年上升0.2个百分点。

工业经济效益水平保持良好。2017年,内蒙古规模以上工业企业实现主营业务收入比上年增长13.7%,实现利润增长1.2倍。

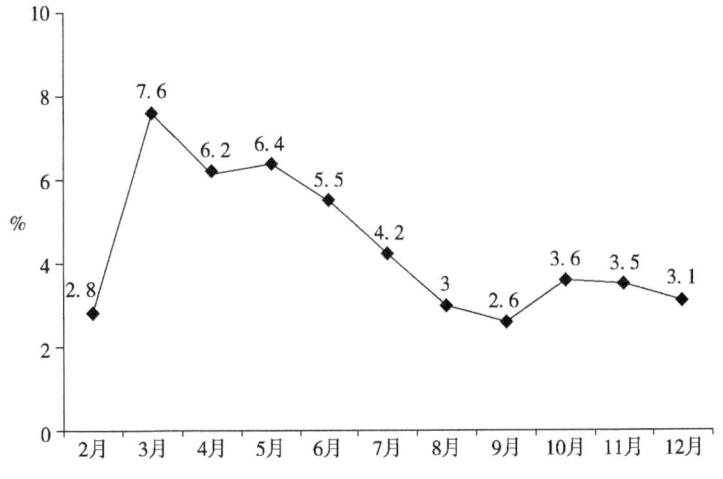

图1 2017年内蒙古规模以上工业增加值累计增速统计图

3. 服务业保持较快增长

服务业对经济增长的支撑作用增强。自治区服务业的快速发展,成为保持经济运行在合理区间的重要支持,对深化供给侧结构性改革、持续扩大就业、促进居民增收等方面起到极大的助推作用。服务业增速、比重、对经济增长的贡献和拉动在三次产业中均居首位,起到了主要支撑作用。内蒙古服务业即第三产业增加值增长6.1%。第三产业增加值占GDP比重为50.0%,占据半壁江山,对经济增长的贡献率超过70%,拉动GDP增长3.0个百分点。服务业相关行业快速发展。金融机构人民币存、贷款余额分别同比增长8.4%和10.8%,快递业务收入同比增长29.5%。第三产业用电量144.76亿千瓦时,同比增长13.6%。

(四)有效需求稳定增长,结构不断调整优化

1. 投资内部结构不断优化

2017年,内蒙古500万元以上项目固定资产投资完成14219.25亿元,同比下降7.0%。其中,民间投资占固定资产投资额的46.7%。分产业看,第一产业完成投资891.07亿元,同比增长27.9%;第二产业完成投资5617.56亿元,同比下降13.5%;第三产业完成投资7710.62亿元,同比下降4.7%。投资结构优化态势明显。第三产业投资占固定资产投资总额的54.2%,高于第二产业投资比重14.7个百分点。制造业投资和基础设施投资分别占固定资产投资总额的22.7%和39.6%。信息传输、软件和信息技术服务业、科学研究和技术服务业增长较快。从项目个数看,内蒙古施工项目个数21902个,同比下降4.1%;其中本年新开工项目17404个,同比下降11.5%;本年投产项目18767个,同比下降2.1%。房地产开发投资呈现下降趋势。全年内蒙古房地产开发完成投资889.72亿元,同比下降21.5%。商品房销售面积2067.60万平方米,同比下降18.2%;商品房销售额956.81亿元,同比下降16.7%。

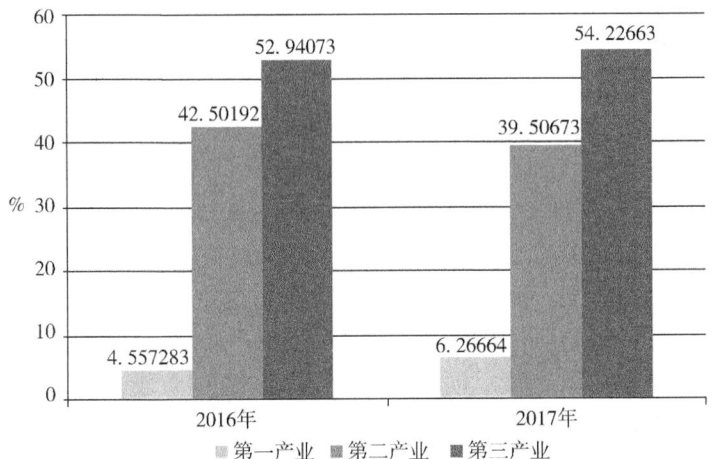

图 2　2016 年、2017 年内蒙古三次产业固定资产投资结构统计图

2. 消费市场平稳运行

2017 年，内蒙古实现社会消费品零售总额 7160.2 亿元，同比

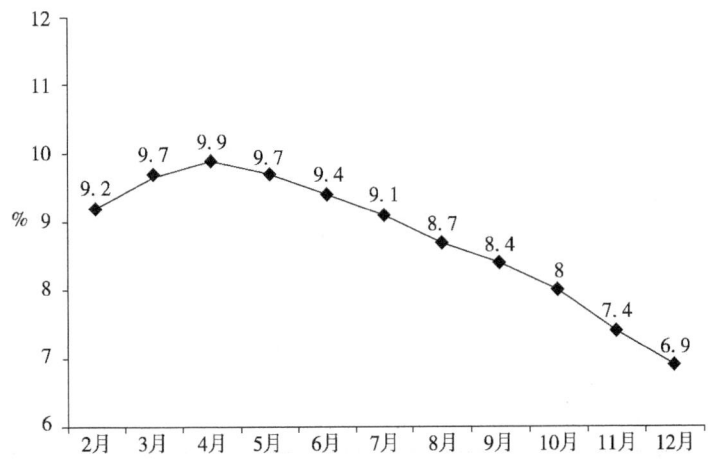

图 3　2017 年内蒙古社会消费品零售总额累计增速统计图

增长6.9%。按经营单位所在地分,城镇零售额6454.6亿元,同比增长6.6%;乡村零售额705.6亿元,同比增长9.5%,快于城镇增速2.9个百分点。按消费类型分,餐饮收入1120.5亿元,同比增长9.1%,商品零售6039.7亿元,同比增长6.5%。从限额以上单位类值看,粮油、食品、烟酒类同比增长4.4%,家用电器和音响器材类同比增长3.3%,汽车类同比增长0.6%。

3. 对外贸易稳步增长

2017年以来,内蒙古进出口一直保持两位数高增长态势。全年内蒙古实现进出口总值942.42亿元,同比增长22.8%。其中,出口完成334.75亿元,同比增长15.8%;进口完成607.67亿元,同比增长27.0%。从贸易方式来看,一般贸易进出口总值占全部进出口总值的比重超过一半,达到56.8%,同比增长25.1个百分点,高于内蒙古进出口增速2.3个百分点;边境小额贸易同比增长45.4个百分点,高于内蒙古进出口增速22.6个百分点。分国别看,自治区对蒙古国和俄罗斯两国的进出口总值分别同比增长42.5%和12.4%。

(五) 财政收支总体平稳,金融机构存贷款稳步增长

2017年,内蒙古一般公共预算收入完成1703.39亿元,同比下降14.4%,剔除2016年虚增因素,同比增长14.6%,其中,税收收入达到1287.07亿元,同比下降1.0%。一般公共预算支出完成4523.12亿元,同比增长0.2%,其中,民生支出3158.1亿元,同比增长6.3%,占一般公共预算支出的69.8%。财政收入质量明显提高。全年内蒙古非税收入占一般公共预算收入的比重为24.4%,同比下降10.2个百分点。

12月末,内蒙古金融机构本外币各项存款余额为23092.73亿元,比年初增加1847.07亿元,同比增长8.7%;本外币各项贷款余额为21566.31亿元,比年初增加2107.86亿元,同比增长

10.8%；金融机构人民币存款余额为22952.80亿元，比年初增加1787.18亿元，同比增长8.4%；金融机构人民币贷款余额为21456.03亿元，比年初增加2095.01亿元，同比增长10.8%。

（六）居民消费价格温和上涨，工业品生产价格涨势稳定

2017年，内蒙古居民消费价格同比上涨1.7%，较上年上升0.5个百分点，其中，城市上涨1.7%，农村牧区上涨1.6%。分类别看，八大类消费价格继续呈现"七升一降"格局。医疗保健价格同比上涨10.0%，居住价格上涨1.7%，交通和通信价格上涨1.4%，衣着价格上涨1.3%，其他用品和服务价格上涨1.2%，教育文化和娱乐价格上涨1.0%，生活用品及服务价格上涨0.7%，食品烟酒价格同比下降0.2%。在食品烟酒价格中，粮食价格上涨1.3%，鲜菜价格下降6.9%，猪肉价格下降12.2%。

全年内蒙古工业生产者出厂价格同比上涨10.6%，结束了自2013年以来连续4年下降的态势；工业生产者购进价格同比上涨6.3%。

（七）居民收入稳步增加，城乡居民生活继续改善

居民收入实现较快增长，增速既快于上年，也快于2017年的GDP增长。2017年，内蒙古居民人均可支配收入26212元，同比增长8.6%，较上年上升0.5个百分点。按常住地分，城镇居民人均可支配收入35670元，同比增长8.2%，较上年上升0.4个百分点，其中工资性收入21707元，占60.9%；农村居民人均可支配收入12584元，同比增长8.4%，较上年上升0.7个百分点，其中经营净收入6385元，占50.7%。农村牧区常住居民人均可支配收入增速高于城镇居民0.2个百分点，城乡居民收入比由上年的2.84：1缩小到2.83：1。内蒙古居民人均生活消费支出18946元，同比增长4.8%。按常住地分，城镇居民人均生活消费支出23638元，

同比增长 3.9%；农村居民人均生活消费支出 12184 元，同比增长 6.3%。

（八）供给侧结构性改革扎实推进，去库存、降成本成效显著

去产能方面，2017 年全年平板玻璃产量同比下降 1.3%，水泥同比下降 25.7%。去库存方面，12 月末，内蒙古商品房待售面积为 1265.60 万平方米，同比下降 8.6%。去杠杆方面，11 月末，内蒙古规模以上工业企业资产负债率为 64.0%，同比下降 0.2 个百分点。降成本方面，1—11 月，内蒙古规模以上工业企业每百元主营业务收入中的成本为 77.56 元，比上年减少 4.4 元。补短板方面，民生领域投资增长较快，全年教育投资同比增长 9.4%，水利、环境和公共设施投资同比增长 6.5%，文化、体育和娱乐业投资同比增长 9.8%。

二、当前经济运行中的一些积极变化

（一）新动能不断增强

大力培育新动能和新增长点，经济的内生增长动力和可持续性大幅提升。截至 2017 年底，内蒙古实有各类市场主体 186.04 万户，同比增长 6.5%，日均新登记市场主体超过 1000 户。以云计算、大数据为代表的信息技术产业、新型煤化工产业、新能源产业、蒙医药产业等成为支撑内蒙古经济发展的新动能。内蒙古战略性新兴产业增加值增速高于规模以上工业，大数据装机能力位居全国第一，世界首条稀土硫化物着色剂连续化隧道窑生产线、我国最大的电动轮矿车总装车间在包头建成，高铝粉煤灰提取氧化铝多联产技术开发与产业示范项目获得 2017 年度国家科技进步二等奖，

热镀钢（铝）复合板热转彩印板技术成功实现产业化，扶持蒙医药产业化发展等等，一系列新动能的涌现助推实体经济转型升级。

（二）工业加快向中高端迈进

制造业保持较快增长。2017年，在规模以上工业中，通用设备制造业增加值比上年增长1.3倍，计算机、通信和其他电子设备制造业同比增长32.2%，汽车制造业同比增长16.6%。高技术产业中，电子计算机通信业继续保持较快增长，增速达到32.2%。新产品产量保持快速增长，碳纤维增强复合材料产量增长1.1倍，光电子器件产量同比增长91.4%，智能电视产量同比增长25.4%，太阳能电池产量同比增长7.8%。

（三）新兴服务业快速发展

2017年以来，服务业发展亮点频现，新兴服务业快速发展。邮政、电信、保险均保持了两位数高速增长，特别是快递业发展势头强劲。快递业务量同比增长30.3%，快递业务收入同比增长29.5%，增速均高于全国平均水平。

（四）企业效益持续改善

在生产稳步增长、产品价格上涨及成本费用下降等因素的有力拉动下，工业利润保持高位增长。2017年，内蒙古规模以上工业企业实现主营业务收入同比增长13.7%，实现利润增长1.2倍。全年规模以上工业企业产品销售率达到98.2%，产成品库存额增长8.8%。

三、当前经济运行中存在的主要问题

总体看，内蒙古经济运行平稳，结构调整和转型升级取得新成效。但同时也要看到，国内外环境依然复杂，新旧动能的接续不可能一蹴而就，经济稳定增长的基础尚不牢固，下行压力依然较大。突出问题主要表现在以下几个方面。

（一）部分主要经济指标增速回落明显

受各种因素影响，2017年以来，部分主要经济指标增幅连续回落。全年内蒙古地区生产总值增速逐季回落；规模以上工业增加值虽然在1—10月实现了"止跌回升"，但此后两个月又继续回落；固定资产投资自1—3月以来呈逐月回落态势，1—10月出现负增长，此后两个月降幅继续扩大；社会消费品零售总额自1—4月以来也呈逐月回落的态势。

（二）投资降幅继续扩大，新开工项目数量减少

按照控制政府债务的需要，一大批基础设施建设项目停建或缓建，对基础设施投资产生明显下拉作用，再加上重大项目审批缓慢、融资难、融资贵等因素影响，新开工项目减少，全年内蒙古投资出现了负增长态势。内蒙古500万元以上项目固定资产投资同比下降7.0%。投资的下滑会逐步传导到经济的走势上，影响今后内蒙古经济运行的持续性和稳定性。

（三）消费市场热点不足，消费增长低于预期

2017年以来，内蒙古消费品市场虽然整体保持了平稳增长势头，但由于消费热点不多，加上网购导致内蒙古部分消费外流等因素影响，消费品市场下行压力仍然较大。按类值分，限额以上单位家具类商品同比下降13.6%，金银珠宝类同比下降4.3%，服装、鞋帽、针纺织品类同比下降0.9%，石油及制品类同比下降0.3%。

上述反映在经济指标上的显性问题，深入分析其根本原因，在于低端供给与有效需求不足的矛盾、传统产业依赖与新产业支撑不

足并存、创新能力偏弱与创新发展要求并存。这些发展中不平衡、不充分的问题,需要更好地贯彻落实新发展理念,通过质量、效率、动力"三个变革",扎实推进供给侧结构性改革去着力解决。

四、2018年内蒙古经济发展趋势

2018年,内蒙古要认真贯彻落实党的十九大、中央经济工作会议和自治区十届五次全委会暨内蒙古经济工作会议精神,以习近平新时代中国特色社会主义经济思想为指引,坚持稳中求进的工作总基调,坚持新发展理念,紧扣我国社会主要矛盾变化,按照高质量发展的要求,深入推进供给侧结构性改革,推动三大变革,确保打赢三大攻坚战,力促内蒙古经济平稳、健康发展。2018年主要经济指标预期目标为:生产总值增长6.5%左右,城镇常住居民人均可支配收入增长7.5%左右,农村牧区常住居民人均可支配收入增长7.5%左右,城镇新增就业25万人左右,城镇调查失业率控制在5%左右,城镇登记失业率控制在4%以内,居民消费价格涨幅控制在3%左右。

(一)紧扣主要矛盾变化,推动经济在实现高质量发展上不断取得新进展

更好地贯彻落实新发展理念,要通过质量、效率、动力"三个变革",着力解决不平衡、不充分的发展问题。更加强调从全局的高度谋划发展,更加注重城乡协调、区域协调、社会群体间的协调以及经济与社会其他方面之间的协调。以供给侧结构性改革为主线,着力加快建设实体经济、科技创新、现代金融、人力资源协同发展的产业体系。积极发展现代农牧业,大力发展战略性新兴产业,加快发展现代服务业,促进三次产业在更高水平上协同发展。重点抓好决胜全面建成小康社会的防范化解重大风险、精准脱贫、

污染防治三大攻坚战，努力走出一条质量更高、效益更好、结构更优、后劲更足、优势充分释放的发展新路子。防控金融风险，促进形成金融和实体经济、金融和房地产、金融体系内部的良性循环，坚决打击违法违规金融活动。以精准扶贫为重要抓手，切实提高"共享发展"水平。大力推动对贫困农牧民的技能培训及就业后的再培训等措施的实施，不断提高贫困农牧民工的劳动技能和素质，以更加适应岗位需求。要适时动态调整内蒙古医保范围和种类，将先进有效的医疗器械、新药等及时纳入内蒙古医保报销范围内，不断增进居民的健康福祉。加快建设我国北方重要生态安全屏障。加快推进新能源开发利用。以煤炭减量替代为抓手，倒逼风能、太阳能、生物质能等新能源的开发利用。加快淘汰落后小发电机组，提升设备技术水平，促进能源利用更加节能高效。

（二）抓转型，促进工业向中高端迈进

重塑工业增长动力，推动产业迈向中高端。坚持创新驱动，加快培育壮大创新载体，提高经济增长质量和效益。继续深化传统产业转型升级，鼓励企业在高端产品研发和生产上下功夫，提高产品市场竞争力和占有率。加大新增企业培育及扶持力度，着力提升战略性新兴产业企业创新发展，大力推进高技术产业加快发展。从引进项目、资金落实、项目实施、竣工投产等各方面为企业提供便捷服务和优惠政策，帮助企业提升品质、效益和市场影响力。立足于供给侧结构性改革，严格执行环保、能耗、质量、安全、技术等方面法律法规和产业政策，坚决淘汰落后产能，有序退出过剩产能。

（三）抓重点项目，巩固经济发展潜力

坚持抓实新开工项目、夯实投资后劲，重视新签约项目履约率和资金到位率，加大定期检查、现场督察的力度，及时发现和解决项目建设中出现的新情况、新问题，确保项目建设有序推进。抓好

项目资金支持，为各类建设项目的顺利实施提供有力保障。加大国家投资项目资金拨付力度，确保资金及时到位。加大金融机构对投资的支持力度，拓展资金来源渠道，创新项目融资方式，确保项目资金及时落实，提高资金保障能力。

(四) 挖潜力促进消费转型升级

在促进城乡居民收入稳定增长的同时，不断提升消费能力。进一步强化稳增长、促消费等各项政策的督促落实，发挥政策的引导作用，促进消费升级。稳定传统消费，鼓励线上、线下融合发展，推动实体商业创新转型。围绕旅游、文化、体育、健康、养老、教育培训等重点领域，扩大新兴服务消费，满足人民群众多样化需求。全面实施质量强区战略，大力推进品质消费、品牌消费，通过提高产品质量，创造消费新需求。加快农村牧区电子商务发展，挖掘农村牧区消费潜力。加强消费基础设施建设，营造便利、放心的消费环境。

广西壮族自治区 2017 年经济运行情况及 2018 年经济发展趋势分析

2017 年以来，面对国内外形势的深刻复杂变化，广西坚决贯彻党中央、国务院决策部署，深入学习贯彻党的十九大精神和习近平总书记视察广西时的重要指示，坚持稳中求进工作总基调，坚定不移贯彻新发展理念，统筹推进稳增长、促改革、调结构、惠民生、防风险，努力克服困难和挑战，保持了经济社会发展总体稳定、稳中提质、稳中增效的良好势头。

一、2017 年国民经济和社会发展情况

初步核算，地区生产总值同比增长 7.3%，其中第一、二、三产业增加值分别同比增长 4.1%、6.6%、9.2%；财政收入增长 6.1%；规模以上工业增加值同比增长 7.1%；固定资产投资同比增长 12.8%；社会消费品零售总额同比增长 11.2%；外贸进出口总额同比增长 22.6%，其中出口额同比增长 22.3%；节能减排目标全面完成；居民人均可支配收入实际同比增长 7%，其中城镇、农村居民人均可支配收入分别实际同比增长 5.7%、8.1%；城镇登记失业率 2.21%，城镇新增就业 44.61 万人；居民消费价格指数同比上涨 1.6%；农村贫困人口比上年减少 95 万人。

广西经济社会发展主要呈现以下积极特点。

(一) 经济运行企稳态势持续巩固

经济基本面总体平稳、健康,多项重要支撑指标运行平稳。固定资产投资增速连续多月保持在12.8%左右,对经济增长贡献率约为60%;工业生产缓中趋稳,工业用电量同比增长4.2%,工业生产者出厂价格同比上涨7.6%;第三产业增加值增速同比提高0.7个百分点,对经济增长的贡献率达49.8%,居三次产业首位;社会消费品零售总额连续15年实现两位数增长,其中汽车类消费同比增长10.4%,旅游总消费同比增长26.4%,电商交易额同比增长35%;进出口总额及出口额增速排全国前列,其中边民互市贸易额稳居全国首位。

(二) 供给体系质量、效率不断提升

"三去一降一补"成效明显,取缔"地条钢"产能541万吨,化解煤炭产能246万吨,吊销"僵尸企业"945户;商品房待售面积同比下降9.8%;金融机构不良贷款率同比下降0.21个百分点;落实降成本"41条""28条"措施,为企业减负超过500亿元;扶贫、城乡社区、就业和社会保障等短板领域加快补齐。实体经济振兴取得积极进展,传统优势产业产能利用率显著提高,电解铝、螺纹钢、中厚板等重点工业品量价齐升;新动能加快成长,高技术产业、装备制造业增加值分别同比增长15.4%、9.2%。农业现代化稳步推进,累计创建1730个现代特色农业示范区、309个富硒农产品生产基地、326.05万亩糖料蔗"双高"基地。农村一、二、三产业融合加快,休闲农业、乡村旅游发展态势良好。农村承包经营权确权登记可颁证率达96%以上。

(三) 投资项目建设取得重大成就

争取中央预算内投资55个专项、142.1亿元,比上年增加

19.3亿元；投放国家专项建设基金332.3亿元；向社会发布引入民间资本项目626项、总规模6161亿元。统筹推进重大项目6985项，完成投资7461亿元，其中新开工1770项、竣工投产755项。建成5条高速公路，新增4个县通高速公路，新增通车里程659千米，总里程突破5000千米；新开工3条铁路，建成运营2条铁路，铁路营业里程达5141千米，其中高铁营业里程达1751千米；新开工机场1个，开通客运航线298条，机场旅客吞吐量超过2400万人次；沿海、内河港口货物年吞吐能力分别达2.45亿吨、1.1亿吨。

（四）改革开放创新增添新的动力

统筹推进落实227项改革任务，进一步优化了营商环境，广西日均新增市场主体2000多户。在全国率先建成省级"一带一路"项目电子管理平台，58个重点项目列入国家项目库。中国—东盟信息港建成30项重大项目，中新互联互通南向通道海铁联运、跨境运输实现常态化运营。企业"引进来"与"走出去"步伐加快，实际利用外资8.23亿美元，对外投资中方协议额完成17.1亿美元。与粤港澳台、泛珠三角、中西部省区合作进一步加强，粤桂黔高铁经济带合作试验区（广西园）及一批跨省合作园区加快建设，粤桂合作特别试验区已入驻企业269家。科技成果登记量达4109项，每万人发明专利拥有量达3.79件，同比增长26.6%，南宁高新区成为国家级双创示范基地，国家海洋局第四海洋研究所正式落户广西，广西共拥有国家级科技企业孵化器10家、国家级科技创新基地25家。

（五）生态文明建设迈出坚实步伐

海洋生态红线正式划定，主体功能区战略加快实施，在全国率先完成省级国土规划编制，贺州市空间规划正式发布，柳州市划定

"三区三线"。柳州市被列为国家第三批低碳试点城市,百色市被列为首批国家气候适应型城市建设试点。实施生态经济重大项目497项,新植树造林354万亩,森林覆盖率达62.31%。空气、水环境保持良好,城市空气质量优良率达90%左右,地表水环境质量达标率达90%以上,城市饮用水水源水质达标率达90%,近岸海域水质优良率达91.3%。

(六)城乡区域发展更加联动协调

北部湾经济区集聚了4个海关特殊监管区、4个国家级经济技术开发区、CEPA先行先试示范区、开发开放试验区等多个开放型园区,同城化改革任务总体完成80%以上。西江经济带基础设施大会战推进实施166项重大项目、完成投资800亿元以上。左右江革命老区振兴规划及重大工程建设三年行动计划全面实施。桂林国际旅游胜地旅游总人数突破8000万人次、旅游总消费同比增长50.5%。成功召开广西县域经济发展大会,县域经济发展全面铺开。新型城镇化建设加快,北部湾城市群发展规划获国家正式批复,9个国家新型城镇化综合试点、23个新型城镇化示范县建设扎实推进,14个镇被列为国家级特色小镇,广西常住人口城镇化率同比增长1.13个百分点。美丽广西乡村建设深入推进,12个村被列为全国改善农村人居环境示范村,587个村获评国家级绿色村庄。

(七)人民生活持续得到改善

广西财政民生领域支出3996亿元,占一般公共预算支出比重达81.3%。城镇失业人员实现再就业10.43万人,农村劳动力转移就业新增72.37万人次。城乡居民医保参保率达98.5%。实现6个以上贫困县摘帽和1000个以上贫困村"出列"。义务教育巩固率达94%,高中阶段教育毛入学率达88.5%。医养结合试点覆盖所有设区市,家庭医生签约服务覆盖所有县(市、区)。广西所有公共图书馆、博物馆、纪念馆、美术馆、文化馆、乡镇综合文化站向群众免费开放,在全国率先开展全民健身和全民健康深度融合试点建设,成功举办广西体育节等群体赛事活动2819项。为民办实事项目全面完成。

在充分肯定成绩的同时,也要清醒认识到广西发展不平衡、不充分问题比较突出,深层次问题和结构性矛盾依然较多,经济持续回升向好的基础仍不牢固。从当前来看,主要面临以下突出困难和问题:一是产业发展存在不少短板。第一产业增速总体处于较低水平,部分农民种粮、种蔗积极性下降,生猪、活鸡等价格下跌,持续促进农业增产、农民增收的难度加大;工业增速低位徘徊,传统资源型产业大多低端、低效,新兴产业占经济总量比重偏低,新旧动能转换还需要一个过程;服务业虽然增长较快,但体量偏小,尤其是现代服务业发展相对滞后。二是有效需求增长动力不足。部分领域投资增速下滑,工业投资、民间投资仅实现个位数增长,重大项目储备跟不上,征地拆迁工作越来越难;限额以上批发业销售额增速回落,电商等新兴消费模式对传统消费格局造成冲击,导致部分实体店消费外流。三是部分企业生产经营困难。企业用电、物流、人工、财务等成本总体仍然偏高,仍有将近600家工业企业处于停产状态,有的企业在去产能过程中面临职工安置、债务处置等现实问题。四是一些领域存在潜在风险。中小企业、初创型企业融资难、融资贵问题突出,资金存在"脱实向虚"倾向;部分热点城市房价上涨压力较大,但许多经济基础薄弱、人口集聚度低的城市和县域则去库存压力大;糖、铝等重点行业景气回升与产品价格上涨关系密切,一旦市场价格出现波动,相关行业可能面临困境;就业形势总体稳定,但结构性失业和隐性失业突出,一些边远地区及劳动密集型企业招工难。此外,社会建设、保障民生、环境保护、脱贫攻坚等领域也存在薄弱环节。

二、2018年广西经济社会发展总体考虑

2018年是贯彻党的十九大精神的开局之年,是决胜全面建成小康社会和实施"十三五"规划承上启下的关键一年,是我国改革开放40周年,也是广西自治区成立60周年,做好广西经济社会发展工作意义重大。

综合分析,2018年国内外发展环境依然错综复杂,机遇与挑战交织,希望与困难同在,有利因素和不确定因素相伴随。从有利因素看:当前世界经济继续出现稳健复苏迹象,发达国家和新兴市场国家经济综合先行指标大部分实现增长。国际货币基金组织(IMF)预计全球经济增长3.7%,比2017年上升0.1个百分点;世界银行(WB)预计2018年经济增速将小幅加快至3.1%,为2011年以来的最强劲增长。当前我国经济运行稳中有进、稳中向好的态势不断巩固,全面企稳的因素不断积累,经济结构不断调优,发展质量继续提升,预计2018年有望仍然维持7%左右的中高速增长。特别是党的十九大提出了新时代中国特色社会主义思想和基本方略,确定了全面建成小康社会、开启全面建设社会主义现代化国家新征程的目标,明确了今后一个时期国内经济社会发展的宏伟蓝图,极大地鼓舞了各方面干事、创业信心,显著激发了经济发展的活力,有利于进一步推动经济运行平稳回升向好,为广西经济社会发展提供良好环境。从不确定因素看:全球经济面临诸多不确定性和风险,日本和欧洲的负利率政策影响不明朗,美国政府关于国际贸易、移民以及气候变化的新政策,英国"脱欧"等造成国际政策环境的不确定性。我国发展不平衡、不充分的一些突出问题尚未解决,发展质量和效益还不高,创新能力不够强,实体经济水平有待提高,民生领域还有不少短板,脱贫攻坚任务艰巨。广西经济结构层次不高、传统产业比重仍较大、创新能力仍不足、资源能源

消耗仍较大，在新常态下实现经济转型升级比全国，特别是东部地区的难度更大。部分行业、企业生产经营困难，固定资产投资增长后劲不足，稳增长压力依然较大。

尽管存在一些不确定因素，但总的看，发展宏观环境总体仍对广西有利，当前广西经济仍处于可以大有作为的战略机遇期，处于结构调整和新旧动能转换的重要窗口期，发展长期向好的基本面不会改变，韧性强、后劲大、潜力足的基本特征不会改变，向既定目标加快迈进的基本趋势不会改变。特别是习近平总书记赋予广西"三大定位"新使命，在视察广西时又提出"五个扎实"和"四个下功夫"新要求，为广西经济发展壮大拓展了新空间。

2018年，广西将以习近平新时代中国特色社会主义思想为指导，全面贯彻落实党的十九大精神和自治区第十一次党代会、自治区党委十一届三次全会的决策部署，坚持发展第一要务，坚持稳中求进工作总基调，落实新发展理念，紧扣社会主要矛盾变化，践行以人民为中心的发展思想，按照高质量发展要求，统筹推进"五位一体"总体布局和协调推进"四个全面"战略布局，坚持以供给侧结构性改革为主线，大力推进改革开放，推动质量变革、效率变革、动力变革，落实"三大定位"新使命和"五个扎实"新要求，深入实施四大战略，坚决打赢三大攻坚战，加强和改善民生，促进经济社会持续、健康发展，持续营造"三大生态"，加快实现"两个建成"，扎实推进富民兴桂，奋力谱写新时代广西发展新篇章。

2018年，广西经济社会发展的主要预期目标是：地区生产总值增长保持在7%~7.5%区间，财政收入增长6%，固定资产投资增长12%，规模以上工业增加值增长7.2%~7.5%，社会消费品零售总额增长10%，进出口总额增长12%，万元地区生产总值能耗下降3%，主要污染物排放量控制在国家下达目标内，居民人均可支配收入实际增长7.5%，居民消费价格涨幅控制在3%左右，城镇登记失业率控制在4.5%以内，城镇新增就业35万人，常住人口城镇化率达到50.5%。

2018年,广西经济社会发展的重点任务和主要措施一是聚焦动能转换,进一步提高质量效益。推动糖、铝、机械、冶金等传统产业"二次创业"向纵深发展。加快培育数字经济、智能制造、电子信息、生物制药、新能源汽车等领域产业集群和龙头企业。以聚集区为主要抓手,推动传统服务业转型升级,积极培育物流、金融、健康、养老等现代服务业。深入推进供给侧结构性改革,努力提高供给体系质量,促进实施质量强桂。增加科技研发投入,推进13项重大科技专项,建设17个重大科技创新基地,加强科技成果转化和重大研发平台建设。加快重大产业项目建设,重点抓好"4个100"产业转型升级项目。二是聚焦乡村振兴,进一步促进城乡区域协调发展。实施乡村振兴三年行动计划,每年统筹安排60亿元财政资金支持县域和乡村建设。推动现代特色农业示范区增点扩面、提质升级,新增认定自治区级现代特色农业(核心)示范区60个,新建"双高"糖料基地119万亩。开展"10+3"现代特色农业产业提升行动,培育"三品一标"农产品品牌,提升农产品加工水平。完成宜居乡村建设,启动幸福乡村建设。三是聚焦精准发力,进一步打好脱贫攻坚战。以提高脱贫攻坚实效为导向,着力提升教育、医疗、住房"三保障"水平,全力打好易地扶贫搬迁、产业扶贫、村集体经济、基础设施建设、粤桂扶贫协作"五场硬仗",实现95万农村贫困人口脱贫、14个贫困县摘帽和1450个贫困村"出列"。四是聚焦以交通为重点的基础设施建设,进一步扩大有效投资。重点围绕"两路、两水、两电、两保"等领域,大力实施一批重大基础设施项目。其中交通建设力争完成年度投资1000亿元以上。五是聚焦关键领域改革,进一步提高效率、激发活力。以完善产权制度和要素市场化配置为重点,用更高标准、更大力度推进一批重大改革举措,着力在国企国资、电力、财税、金融等重点领域改革取得新突破。六是聚焦深度融入"一带一路"建设,进一步提升开放型经济水平。统筹实施"一带一路"百项重点工程,加快推进中新互联互通南向通道、中国—东盟信息港建设。创新、丰富平台载体,推动引进来和走出去,实施第二轮加工贸易倍增计划,举办"跨国公司暨世界500强八桂行"活动。七是聚焦生态经济,进一步加快绿色发展步伐。加快发展生态经济,深入实施生态经济十大重点工程,力争完成年度投资400亿元以上。抓好环境保护治理,持续实施好大气、水、土壤污染防治行动计划,启动第二次污染源普查和第三次土地调查。加强生态环境监管,全面落实河长制,推行湖长制,落实排污许可制度。八是聚焦补齐民生短板,进一步增福祉、促共享。实施教育提升八大工程,推进"十百千万"建设计划,提高就业质量和完善社会保障,提升卫生与健康事业发展水平,繁荣发展文化体育事业,增加城乡居民收入,继续筹措资金574.5亿元实施为民办实事工程。九是聚焦重点领域,进一步打好防范化解重大风险攻坚战。加快建立金融系统性风险防控体制机制,建立健全自治区、设区市、县(市、区)三级地方金融监管体系。深化平安广西建设,完善"六位一体"具有广西特色的社会治安防控体系。全面落实安全生产责任制,加大事故防控力度。

重庆民族地区 2017 年经济运行情况及 2018 年经济发展趋势分析

2017 年，重庆市认真贯彻党的十九大精神和市委、市政府的各项决策部署，全面深化供给侧结构性改革，扎实做好稳增长、促改革、调结构、惠民生等工作，民族地区经济实现稳定发展。

一、整体经济保持稳定

2017 年，民族地区实现地区生产总值 837.87 亿元，同比增长 6.8%。分产业看：第一产业增加值 125.06 亿元，同比增长 4.7%；第二产业增加值 403.59 亿元，同比增长 7.5%；第三产业增加值 309.22 亿元，同比增长 6.8%。分地区看，各地经济发展差异明显。发展最快的为石柱县，增速为 9%，而黔江区相对来说发展较慢，增速为 5.8%，二者相差 3.2 个百分点。

二、工业经济逐步放缓

2017 年，受大唐电站、烟厂等重点企业影响，以及新升规企业带动作用力弱，民族地区工业经济增速放缓。全部工业增加值 290 亿元，同比增长 6.7%，较上年回落 3.9 个百分点。分地区看，增速最快的为石柱县，增速为 10.8%，彭水县受大唐电站影响，增速排位在民族地区末位,增速为2.4%。

三、投资稳步增长

2017年,民族地区固定资产投资实现890.8亿元,同比增长11.4%,高于重庆全市平均水平1.9个百分点。其中,工业投资增幅较大,工业投资实现178亿元,同比增长22%,较总投资增速高10.6个百分点,比上年同期提高22个百分点。

四、消费市场稳步发展

2017年,随着"互联网+"理念深入人心,各地区积极搭建县域电子商务平台,各大企业也别出心裁,利用微信支付、支付宝结账、首付优惠等措施刺激消费,消费品市场得到稳步发展。实现社会消费品零售总额368.5亿元,同比增长13.1%,增速比重庆全市平均水平高2.1个百分点。分地区看,各地区实现共同繁荣,五区县的社会消费品零售总额增速都保持在11.6%以上,其中增长最快的为秀山县,增速达到14.1%。商品房销售实现平稳增长,销售面积达到223.2万平方米,同比增长2.3%。

五、居民收入持续增加

2017年,随着扶贫攻坚工作不断深入,各项惠民政策进一步落实,人民的生活水平得到提高。民族地区常住居民人均可支配收入17116元,同比增长11.1%,增速比重庆全市高1.5个百分点。其中,城镇常住居民人均可支配收入28318元,同比增长9.4%,增速比重庆全市高0.7个百分点;农村常住居民人均可支配收入10191元,同比增长9.9%,增速比重庆全市高0.5个百分点。分地区看,各地居民收入水平不断提高,全体常住居民人均可支配收入增速均达到11%以上。其中,城镇常住居民人均可支配收入增速均达9.0%以上;农村常住居民人均可支配收入均达到9.7%以上。(详见下表)

表1 2017年重庆民族地区五区县居民收入情况统计表

单位:元,%

区县	全体常住居民人均可支配收入		城镇常住居民人均可支配收入		农村常住居民人均可支配收入	
	绝对量	同比	绝对量	同比	绝对量	同比
渝东南	17116	11.1	28318	9.4	10191	9.9
黔江区	19824	11.2	29812	9.7	10792	9.9
石柱县	19251	11.0	30087	9.3	11752	10.1
秀山县	17827	11.0	29956	9.0	10189	10.0
酉阳县	13912	11.1	24585	9.4	8852	9.7
彭水县	15794	11.1	26808	9.5	10196	9.7

六、2018年经济发展形势向好

虽然重庆民族地区存在较多问题,地属不发达地区,存在经济总量偏小、产业结构不优、科技水平落后等问题,但民族地区也具备较多优势。

一是拥有政策扶持。随着扶贫攻坚力度的加大,民族地区在基础设施建设、特色生态经济、财政税收等方面将拥有更多政策支持,从而促进民族地区快速发展。

二是具备加快发展的基础。随着主城至渝东南地区的高铁项目即将开工,以及各大物流基地、电子商务平台逐步建设,将为民族地区经济实现稳定增长奠定坚实的基础。

三是旅游、民族文化发展潜力大。民族地区旅游资源富集、风景独特，民族文化底蕴深厚，具有较大开发潜力。

总体而言，尽管民族地区经济存在一定的下行压力，但机遇大于挑战，经济稳定发展的基本面没有改变，预计2018年民族地区经济仍将保持稳定发展态势。

四川省民族自治地方 2017 年经济运行情况及 2018 年经济发展趋势分析

2017年,在四川省委、省政府的坚强领导下,四川民族自治地方以习近平新时代中国特色社会主义思想为指导,全面贯彻党的十九大精神,认真落实四川省第十一次党代会和省委十一届二次全会部署,扎实推进精准扶贫、精准脱贫,稳步推进供给侧结构性改革,着力推进国家、四川省支持藏区彝区发展政策落地落实,民族自治地方民生改善持续加强,经济运行总体平稳。

一、2017 年经济社会运行的基本特点

2017年,国家深度贫困地区脱贫攻坚座谈会召开,中共中央办公厅、国务院办公厅印发《关于支持深度贫困地区脱贫攻坚的实施意见》,全面打响脱贫攻坚中的硬仗。四川省民族地区45个贫困县确定为深度贫困县,国家、四川省全力加强政策倾斜和投入支持。四川省委、省政府出台《关于进一步加快推进深度贫困县脱贫攻坚的意见》及《关于进一步加强深度贫困县脱贫帮扶工作的意见》等系列文件,国家发展改革委印发《加大深度贫困地区支持力度推动解决区域性整体贫困行动方案(2018—2020年)》。多项优惠政策齐发力,为民族地区脱贫奔小康和经济社会发展注入强劲动力。

(一) 经济结构调整优化,运行态势总体稳定

2017年,四川省民族自治地方实现地区生产总值(GDP) 2167.7亿元,同比增长5.7%,2013年以来年均增长6.7%。农业生产形势稳定,实现第一产业增加值428亿元,同比增长3.8%;工业增速回升,实现第二产业增加值918.2亿元,同比增长6.5%;服务业稳定发展,实现第三产业增加值821.5亿元,同比增长5.8%;三次产业结构从上年的20.0∶46.9∶33.1调整为19.7∶42.4∶37.9。完成全社会固定资产投资2066.5亿元,增速由前三季度的下降2.9%转为增长0.7%,2013年以来年均增长4.2%。实现社会消费品零售总额849.3亿元,同比增长10.8%,2013年以来年均增长11.8%。实现一般公共预算收入199.9亿元,同比增长3.6%。城镇居民人均可支配收入28616元,同比增长8.4%,增速与四川全省平均水平持平;农村居民人均可支配收入11252元,同比增长10.3%,增速高于四川全省平均水平1.2个百分点,农村居民人均可支配收入相当于四川全省的92%,与四川全省平均水平差距进一步缩小。

(二) 民生保障持续加强,精准脱贫成效明显

持续用力实施藏区"六项民生工程计划"、大小凉山彝区"十项扶贫工程",2017年分别投入各级资金75.1亿元、156.4亿元,有力、有效改善了农牧民群众生产生活条件。脱贫攻坚方面,务实推进易地扶贫搬迁工程,2017年搬迁入住17440户72754人。民族自治地方贫困人口由2016年的76.4万人下降到2017年的62.3万人,贫困发生率降低至13.2%,北川、理县、茂县、马尔康、汶川、泸定6个贫困县(市)摘帽通过省级达标验收。就业社保方面,阿坝、甘孜、凉山州城乡基本养老保险参保人数达270.5万人,四川省民族自治地方保障城乡低保对象90.9万人,其中城镇

13万人、农村77.9万人。教育发展方面，深入实施民族自治地方15年免费教育、"一村一幼"计划等，四川省民族自治地方适龄儿童入学率达到99.72%。医疗卫生方面，持续实施民族地区卫生发展十年行动计划，四川省民族地区每千人口拥有卫生技术人员达到4.8人。文化繁荣方面，稳步推进"藏羌彝民族文化走廊"建设，《香巴拉深处》等系列反映四川省民族地区人文风情纪录片在央视等媒体播出，受到广泛好评。住房建设方面，加快安全住房建设，全年建成藏区新居17348户，新改建大小凉山彝家新寨住房17377户。

（三）基础设施改善提升，发展瓶颈加快突破

按照四川省"项目年"工作部署，大力推进民族地区重大基础设施项目建设。交通方面，甘孜机场主体工程建设进展顺利，土石方挖填方工程完成91%。成兰铁路（四川境内段）、川藏铁路成都（朝阳湖）至雅安段、成昆铁路扩能改造工程峨米段分别累计完成路基土石方总量的62.7%、80.1%、32.3%。雅康高速草坝至泸定段建成通车，汶马、泸黄扩容，峨汉高速路基工程分别完成80%、10.9%、8.5%，国道317线控制性工程雀儿山隧道通车，四川省民族自治地方公路通车里程达到81275公里。全年新改建农村公路1.32万公里，实现95.4%的乡镇通油路、82.4%的建制村通硬化路。水利方面，北川开茂水库取水闸坝枢纽已完工，丹巴嘉绒、阿坝若果朗等水利工程加快建设。通信方面，"宽带乡村"试点工程实现深度贫困县全覆盖，城乡网络条件加快改善。灾后重建方面，根据《"8·8"九寨沟地震灾后恢复重建总体规划》，大力推进科学重建，截至2017年底，完工项目4个、在建9个，累计完成投资3.2亿元。积极推进"6·24"茂县特大山体滑坡灾后恢复重建，落实重建资金4.1亿元。及时组织开展康定"11·22"地震灾后恢复重建预评估，3年重建任务基本完成。

（四）绿色发展扎实推进，生态保护力度加大

四川省民族自治地方牢固树立和践行"绿水青山就是金山银山"的发展理念，坚持绿色发展，全力维护国家生态安全。51个县（市）全部纳入国家重点生态功能区，其中34个县（市）产业准入负面清单已印发实施，其余县（市）正在分批编制。川西北生态文明先行示范区建设步伐加快，天然林资源保护和川西藏区沙化土地治理等重点生态工程深入推进，已完成人工造乔木林0.6万亩、封山育林35.5万亩，累计治理中、重度沙化土地4万公顷。《四川鲜水河大峡谷国家森林公园总体规划（2017—2026年）》通过专家评审。积极推进大熊猫国家公园体制试点，在大熊猫国家公园范围内阿坝等民族地区实施重点生态修复工程，努力实现栖息地自然生态的系统保护和整体修复，维护生态安全和生物多样性永续利用。严格执行节能减排政策，推进循环利用和清洁生产，生活污水、垃圾处理等环保设施加快建设，三州各县县城全部具备垃圾处理能力。

（五）产业发展有序推进，自我造血能力增强

依托民族地区资源禀赋和产业基础，统筹推进特色优势产业科学发展。能源开发方面，加快金沙江、大渡河、雅砻江"三江"水电基地、凉山州风电基地建设，四川省民族自治地方电力装机总容量达到4303万千瓦。开展光伏扶贫工程建设，实施村级联建项目17个1.7万千瓦。认真落实留存电量价格优惠政策，2017年下达甘孜、阿坝、凉山三州留存电量计划80亿千瓦时，实际执行75.18亿千瓦时，为三州减少电费支出18.01亿元。全域旅游方面，加大旅游基础设施投入，扶持建设智慧旅游公共服务平台。2017年，四川省民族自治地方实现旅游总收入782.8亿元，占四川全省的8.6%；接待国内外游客9338.2万人次，占四川全省的15.6%；旅

游带动民族地区近 10 万农牧民群众就业。园区经济方面,四川省委、省政府制定出台《关于进一步加快飞地园区建设发展助推藏区、彝区脱贫攻坚的意见》,藏区彝区现有飞地园区共计落户企业 136 户,其中规模以上企业 81 户;2017 年实现工业总产值 83.8 亿元,实现营业收入 73.3 亿元,完成固定资产投资 69.9 亿元。国家重大科技基础设施项目高海拔宇宙线观测站建设顺利推进。

(六)对口帮扶不断深入,工作成效亮点纷呈

强化统筹协调,凝聚各方力量,四川省内外对口帮扶工作取得新成效。四川省外对口帮扶方面,《省外对口支援和东西部扶贫协作我省藏区彝区项目资金管理办法》制定印发,帮扶资金和项目管理进一步规范。积极争取浙江省在原结队帮扶 19 县基础上,新增结对帮扶四川省 19 个国家扶贫开发重点县,实现四川省贫困地区全覆盖。《携手共建佛山—凉山扶贫协作示范工作方案》印发实施,佛山—凉山花卉科技产业园和农业产业园等特色园区加快共建进程。广东省林少春常务副省长等领导来川调研,与四川省在旅游、特色农牧业和劳务协作等方面达成合作意向。2017 年,广东省、浙江省 5.32 亿元帮扶资金全部落实,与两省签署合作协议 28 个,协议金额 136.6 亿元。共建红豆杉、贡茶、川牛膝等种养殖基地,深化旅游、农产品、茶叶等特色产业合作,累计带动当地贫困户 3 万余人致富增收。四川省内对口帮扶方面,2017 年,帮扶方聚焦藏区、彝区贫困村、贫困户和年度减贫任务,明确帮扶重点和建设项目,投入帮扶资金 11.64 亿元、实施帮扶项目 660 个。

二、当前发展面临的困难和问题

2017 年,四川省民族自治地方经济运行总体平稳,但受投资增长乏力、自然灾害频发等因素影响,经济增速减缓趋势明显。同

时,发展不平衡较突出,区域发展分化明显。

一是灾害影响较大。2017年,受"6·24"茂县特大山体滑坡、"8·8"普格山洪泥石流、"8·8"九寨沟地震灾害影响,民族地区商贸、旅游等行业呈现大幅度下滑、回落态势。尤其是阿坝州全年接待海内外游客同比下降22.6%,旅游收入同比下降26%;社会消费品零售总额增速比上半年回落7.9个百分点;经济增长从一季度的10.3%减缓到全年仅增长4%。

二是投资持续下降。四川省民族自治地方一批水电、交通等重大基础设施建设项目完工以后,暂无后续重大项目及时跟进,投资增势减缓、增长乏力。2017年,四川省民族自治地方全社会固定资产投资同比增长0.7%,比四川全省低9.5个百分点,其中阿坝州下降13.6%,凉山州、甘孜州分别同比增长2%、5.3%。

三是工业增幅回落。按照环保整改要求,停产、半停产企业较多,导致部分行业生产大幅下滑,电力、热力生产和供应业等重点行业拉动乏力。占四川省民族自治地方工业增加值60%以上的凉山州,工业生产与市场需求不协同,工业生产减缓态势明显,全部工业增加值从一季度的增长5.9%下滑到全年的2.1%,增幅回落3.8个百分点。

四是区域分化明显。四川省民族自治地方51个县(市)中,从总量看,西昌市、会理县、会东县和冕宁县4个县(市)GDP超过百亿元,但有40个县GDP不足50亿元,其中23个县GDP不足20亿元,11个县不足10亿元;从速度看,康定市、乡城县、喜德县等3个县(市)GDP保持两位数增长,而40个县(市)增速低于四川全省平均水平。

三、2018年经济社会发展态势预测

2018年是贯彻党的十九大精神的开局之年,是改革开放40周年,是决胜全面建成小康社会、实施"十三五"规划承上启下的关

键一年。民族自治地方将全面贯彻习近平总书记来川视察重要讲话精神，牢牢把握"各民族共同奋斗、共同繁荣发展"主题，突出脱贫攻坚"头等大事"，集中力量解决发展、民生、稳定重大问题，大力推进经济社会又好又快发展。主要预期目标为地区生产总值增长7%，全社会固定资产投资增长3%，社会消费品零售总额增长10%，地方财政一般预算收入增长5%，接待游客增长10%，旅游总收入增长12%，环境保护和节能减排完成省下达目标任务，城镇居民人均可支配收入增长8%，农村居民人均可支配收入增长10%，城镇登记失业率控制在4.5%以内，居民消费价格总水平上涨控制在正常上涨水平以内。

四、2018年经济社会发展主要任务及对策建议

2018年，按照四川省《关于贯彻落实"十三五"促进民族地区和人口较少民族发展规划的实施意见》，着力推动民族地区经济社会全面发展。

（一）始终把脱贫攻坚作为头等大事抓细抓实

以民族地区乡村振兴战略为引领，积极推进易地扶贫搬迁、藏区新居建设和彝家新寨建设，加快解决贫困群众住房困难问题。扶持贫困民族地区发展优势产业和特色经济，重点支持少数民族贫困村、贫困户发展种养殖业和少数民族传统手工业。承接好广东、浙江两省对口支援四川省藏区、扶贫协作四川省彝区工作，协调支援省、市将对口支援资金和项目向基层倾斜，向农牧民和贫困人口倾斜。实施好四川省内对口帮扶民族地区45个贫困县工作，突出民生、产业和智力支援。

（二）切实保障和改善民生，促进基本公共服务均等化

持续实施藏区"六项民生工程计划"和大小凉山彝区"十项扶贫工程"，努力让广大农牧民群众在共建共享发展中有更多获得感、幸福感、安全感。加大第二轮民族地区教育发展十年行动计划实施力度，积极推进"一村一幼"建设。继续实施民族地区卫生发展十年行动计划，重点抓好大小凉山地区艾滋病、血吸虫病、麻风病和藏区包虫病、大骨节病综合防治。实施民族地区劳动者职业技能提升计划，提高少数民族群众就业率。提高社会保障水平，完善农村社会救助体系。以"藏羌彝文化产业走廊"为核心，着力打造民族文化精品。

（三）以基础设施建设为重点，加快破解发展瓶颈

以提升民族地区对外联系效能为抓手，推动川藏铁路成都至雅安段建成投运，成昆铁路扩能改造、成兰铁路加快建设，成都至西宁铁路、川藏铁路雅安至康定段开工建设。力争甘孜机场建成校飞，北川通用机场开工建设。加快雅康、汶马、乐西、宜攀等高速公路建设，力争马尔康至青海久治高速开工建设，推进国、省干线公路提档升级，农村公路网络加速完善畅通。稳步推进大桥水库灌区二期、开茂水库等大中型水利工程，以及茂县凤南土、康定力曲河等骨干水利工程建设。抓好金沙江、大渡河、雅砻江等"三江"流域大型水电站建设，加快白鹤滩、乌东德、两河口、双江口等水库电站建设，有序推进凉山州风电基地建设。

（四）坚持绿色发展，强化民族地区生态环境保护

深入推进天然林资源保护、退耕还林、退牧还草、石漠化综合治理、生物多样性保护、湿地恢复、生态脆弱地区治理、水土流失综合防治等重大生态工程建设。开展以民族地区农村水源污染治

理、畜禽养殖污染综合治理、饮用水水源地保护为主的水环境污染治理工作。落实好草原生态保护补偿奖励、退耕还林政策，落实禁牧补助、草畜平衡奖励。

（五）不断壮大特色优势产业，增强内生发展动力

根据民族地区资源、气候等实际情况，加快优质农牧产品基地建设步伐，积极打造"净土阿坝""圣洁甘孜""大凉山"等优势品牌，提高特色种养殖业市场竞争力。大力发展藏彝羌医药和唐卡、羌绣、漆器等民间手工业。完善创新合作模式，用好、用足特殊支持政策，推动藏区、彝区飞地园区建设发展取得更大实质性进展。围绕"旅游+"推进民族地区创建国家全域旅游示范区，加快九寨、国道318/317、环贡嘎、环亚丁世界旅游目的地和攀西阳光度假旅游目的地建设。

（六）着力推进灾区恢复重建和发展振兴

认真落实四川省委《关于推进九寨沟地震灾区科学重建绿色发展，加快建设美丽新九寨的决定》，科学、有序实施九寨沟地震灾后恢复重建总体规划及5个专项实施方案。加快项目前期工作，统筹推进规划内项目实施。探索世界自然遗产抢救修复、恢复保护、发展提升的新模式。加快茂县特大山体滑坡灾区、普格泥石流灾区等地区重建步伐，推进康定地震灾区发展振兴。

贵州省2017年经济运行情况及2018年经济发展趋势分析

2017年,在供给侧结构性改革扎实推进、新旧动能加快转换、主要行业需求逐渐好转、产品价格回升、改革开放持续深入、运行环境不断优化等因素共同作用下,贵州经济运行保持了平稳、较快发展态势,呈现出稳中有进、转型加快、质量提升、民生改善的特点。

一、2017年贵州省经济发展的总体判断

(一)基本实现全年预期目标

初步核算,2017年,贵州地区生产达到13541亿元,同比增长10.2%,完成12800亿元的预期目标任务。除地区生产总值外,规模以上工业增加值、固定资产投资、社会消费品零售总额等主要指标完成情况均较好。

表1 2017年贵州主要经济指标预计完成情况

指标名称	全年目标任务		全年预计数	
	绝对数(亿元)	增速(%)	绝对数(亿元)	增速(%)
地区生产总值	12800	10	13541	10.2

续表

指标名称	全年目标任务		全年预计数	
	绝对数（亿元）	增速（%）	绝对数（亿元）	增速（%）
规模以上工业增加值	4300	10	4305	9.5
固定资产投资	15260	18	15288	20.1
社会消费品零售总额	4135	11.5	4154	12.0

（二）主要指标继续保持平稳较快增长

"稳"表现为增速总体稳定。贵州地区生产总值一季度增长10.2%，上半年增长10.4%，前三季度增长10.1%，全年增长10.2%，从2003年以来，贵州地区生产总值增速连续15年稳定在10%以上，经济增速保持在稳定区间。同时，2017年贵州规模以上工业增加值、固定资产投资、社会消费品零售总额等主要经济指标增长速度的上下起伏都稳定在1个百分点以内。"快"表现为增速较快、排位靠前。贵州主要经济指标增速延续高于全国、高于西部的发展态势，贵州地区生产总值增速高于全国平均水平3.3个百分点，增速居全国第一位；规模以上工业增加值、固定资产投资、社会消费品零售总额、进出口总额、金融机构人民币各项贷款余额增速分别高于全国平均水平2.9、12.9、1.8、32.0和4.1个百分点，分别居全国第四位、第二位、第四位、第二位和第三位。

表2 2017年贵州、全国主要经济指标增速统计表

主要指标	贵州（%）	全国（%）	贵州高于全国（百分点）
地区生产总值	10.2	6.9	3.3
规模以上工业增加值	9.5	6.6	2.9

续表

主要指标	贵州（%）	全国（%）	贵州高于全国（百分点）
固定资产投资	20.1	7.2	12.9
社会消费品零售总额	12.0	10.2	1.8
进出口总额	46.2	14.2	32.0
金融机构人民币各项贷款余额	16.8	12.7	4.1

表3　2017年贵州主要经济指标增速在全国的位次统计表

主要指标	在全国的位次
地区生产总值	1
规模以上工业增加值	4
固定资产投资	2
社会消费品零售总额	4
进出口总额	2
金融机构人民币贷款余额	3

（三）经济结构继续优化升级

反映经济结构变化的一些重要指标呈现出积极变化，产业发展格局不断优化，逐步形成了一、二、三产业协同带动的新局面。第一产业方面，贵州加快农业产业结构调整，着力培育农业、农村发展新动能。粮食作物种植面积继续下降，2017年比上年减少93.05万亩；经济作物种植面积明显增加，蔬菜、水果、茶叶、中草药等种植面积快速增加。粮经作物种植比调整为38∶62，优质特色绿色农产品"泉涌"发展。第二产业方面，"双千工程"引领产业升级，新旧动能转换加快。"千企改造"深入实施，促进传统产业保持稳定增长。煤、电、烟、酒四大传统支柱行业需求回暖,增速回升,保持较快增长。除煤炭行业增加值降幅收窄外,酒、电、烟三大行业均加快增长,增加值同比分别增长13.5%、13.0%和2.0%,增速分别比上年提高0.7、3.3和10.9个百分点。煤、电、烟、酒四大行业增加值占规模以上工业的比重为56.3%。"千企引进"扎实推进,以数博会、酒博会为平台,加快招商引资步伐,吸引特优企业入驻,特别是一批以电子信息为代表的企业,促进了高技术含量、高附加值的新兴产业保持快速发展。大数据、大健康、装备制造等新兴产业快速发展,成为带动工业经济较快增长的重要动力。贵州装备制造业增加值442.40亿元,同比增长26.6%,占规模以上工业经济的比重超过10%,成为支柱行业之一。大数据产业继续快速发展,以大数据为引领的计算机、通信和其他电子设备制造业增加值首次突破100亿元,同比增长86.3%。大健康医药产业提速发展,医药制造业增加值148.30亿元,同比增长21.3%,增速比上年提高9.0个百分点。第三产业方面,现代金融、现代物流等生产性服务业加快发展。贵州金融业增加值同比增长13.4%。交通运输、仓储和邮政业增加值同比增长10.6%。着力加大"山地公园省·多彩贵州风"推介力度,旅游业持续"井喷"发展。旅游总人数达7.44亿人次,同比增长40.0%;旅游总收入7116.81亿元,同比增长41.6%。

(四)质量效益进一步提升

在经济平稳较快发展的同时,经济发展质量和效益不断提高,部分指标创近年来最快增长水平。财税收入方面,贵州财政总收入2650.02亿元,同比增长10.1%,增速比上年提高5.7个百分点。一般公共预算收入1613.64亿元,同比增长7.2%。居民收入方面,贵州城镇、农村常住居民人均可支配收入分别达到29080元和8869元,同比分别增长8.7%和9.6%,增速分别居全国第五位和第二位。企业效益方面,贵州规模以上工业企业实现利润总额886.32亿元,同比增长46.4%,是近五年来最快增长水平。重点监测的19个行业中,14个行业利润总额实现正增长,13个行业实现两位数以上增长。其中,煤炭开采和洗选业同比增长5.08倍,金属制造业同比增长88.4%,有色金属冶炼和压延加工业同比增长84.1%。

二、2017年贵州省经济发展的主要特点

(一)深入推进供给侧结构性改革,"去降补"成效明显

贵州以供给侧结构性改革为主线,紧紧围绕全面贯彻落实"三去一降一补"五大任务,促进经济发展效益提升。"去"的效果明显。去产能方面,贵州认真落实煤炭、钢铁等行业化解过剩产能、脱困发展实施方案,不再审批过剩产能项目,对不符合国家环保、能耗、质量、安全、技术等产业政策要求的,进行限期整改。2016年,贵州压减粗钢产能220万吨,关闭煤矿121处。在此基础上,2017年又关闭煤矿120处,淘汰落后产能1749万吨。去库存方面,贵州商品房屋销售面积4696.90万平方米,同比增长13.0%;竣工面积1171.70万平方米,同比下降38.4%。销售面积是竣工面积的4.0倍。"降"的力度加大。贵州启动输配电价改革,开展电力直接交易,市场化交易电量居全国第一位。通过多措并举,打出降低实体经济成本的"组合拳",2016—2017年,贵州累计为实体经济企业降成本1300亿元以上。"补"的步伐加快。围绕扶贫、教育医疗事业、基础设施建设三块"短板",加大工作力度,补短板措施有力。

(二)深入实施三大战略行动,取得阶段性成果

贵州牢牢守住发展和生态两条底线,强力实施大扶贫、大数

据、大生态三大战略行动。精准实施大扶贫战略行动，脱贫攻坚取得扎实成效。坚持把脱贫攻坚作为头等大事和第一民生工程，脱贫攻坚"四场硬仗"取得阶段性成效。打好基础设施硬仗，启动农村"组组通"公路三年大决战，基础设施投资保持较快增长。贵州基础设施完成投资6757.29亿元，同比增长25.5%，增速高于贵州固定资产投资5.4个百分点。打好产业扶贫硬仗，高附加值农产品种植面积和产量大幅增加，截至2017年年底，贵州无公害农产品、绿色食品、有机农产品产地认定面积达3496.3万亩，占耕地面积的比重提高到51.2%；新增19个农产品获地理标志登记保护，总数提高到54个。建成了一批精品水果、精品蔬菜生产基地。打好易地搬迁扶贫硬仗，贵州移民搬迁项目个数同比增长20.1%，完成投资同比增长64.4%，完成投资增速明显高于贵州平均投资增速。打好教育、医疗、住房三保障硬仗，贵州教育、卫生和社会工作分别完成投资428.13亿元和189.42亿元，同比分别增长49.4%和79.1%，增速分别高于贵州固定资产投资29.3和59.0个百分点。据贵州省扶贫办数据，2017年，贵州计划减贫120万人，贫困发生率下降至8%，赤水市实现脱贫摘帽。深入推进大数据战略行动，数字经济融合集聚态势明显。苹果iCloud数据中心落户贵州，华为全球私有云数据中心、腾讯贵安七星数据中心开工建设，建成贵阳和贵安新区两个大数据清洗加工基地。深入实施"互联网+"行动计划，以互联网和相关服务、软件和信息技术为代表的新兴服务业活力凸显，与传统领域加速融合，网购、快递、移动支付等线上消费高速增长。大数据智慧物流助推"黔货出山"，一批具有代表性的民族特色文化旅游产品需求保持稳定增长。贵州限额以上企业（单位）通过公共网络实现的商品零售额达74.56亿元，同比增长30.3%。全面推进大生态战略行动，绿色经济不断发展壮大。贵州坚持生态优先，绿色发展，落实"土十条""水十条""大气十条"，生态环境质量持续向好，森林覆盖率提高到55%以上，集中式饮用水源地水质达标率为100%。深入实施大生态战略行动,把"绿色+"融入经济社会发展各方面,据测算,贵州绿色"四型"产业(生态利用型、循环高效型、低碳清洁型、环境治理型)增加值占地区生产总值的比重提高到37%。

(三) 深化改革,扩大开放,开放型经济取得重要进展

贵州以优化营商环境为重点,奋力推动改革开放,经济发展动力创新活力加快释放。重点领域改革取得突破。农村"三变"改革、能源机制改革、商事制度改革加快部署推进。全面推行"五证合一、一照一码"改革,企业登记注册便利度明显提高,时间大幅缩短,有效促进大众创业,市场主体快速增加。年末,贵州在册市场主体总量、注册资本总额分别达到249.56万户和5.74万亿元,同比分别增长13.4%和18.8%。投资贸易便利化水平提升。贵州实际利用外资38.91亿美元,同比增长21.0%;民间投资同比增长8.7%,增速高于全国平均水平2.7个百分点;引进贵州省外实际到位资金8805.69亿元。企业"走出去"取得新进展。围绕"一带一路"国家战略,加快走出去步伐,分别在瑞士、柬埔寨、印度、马来西亚、意大利、吉尔吉斯斯坦新设6家商务代表处。

(四) 紧紧抓住需求好转机遇,着力扩大有效需求

贵州积极扩大有效需求,发挥投资关键作用,适应消费需求变化,促进外贸逐月回暖,需求结构发生积极变化,有力支撑了经济增长。投资加快调优补短。贵州固定资产投资保持平稳、较快发展,全年完成投资15288.01亿元,同比增长20.1%。投资结构不断优化,新兴产业投资增势强劲。高技术产业投资263.87亿元,同比增长58.6%,增速高于贵州平均投资增速38.5个百分点;科学研究和技术服务业投资59.35亿元,同比增长40.3%,高于贵州平均投资增速20.2个百分点;租赁和商务服务业投资298.14亿

元,同比增长55%,高于贵州平均投资增速34.9个百分点;文化、体育和娱乐业投资290.37亿元,同比增长59.9%,高于贵州平均投资增速39.8个百分点;太阳能发电投资55.49亿元,同比增长108%,高于贵州平均投资增速87.9个百分点;互联网和相关服务投资28.38亿元,同比增长85.8%,高于贵州平均投资增速65.7个百分点。消费市场保持活跃。贵州社会消费品零售总额4154亿元,同比增长12.0%。消费结构发生新变化。高品质消费品供给不断增加,消费升级类商品增长较快。贵州限额以上企业商品零售额中,体育娱乐品类零售额同比增长12.7%,中西药品类零售额同比增长17.0%,汽车类零售额同比增长9.4%,石油及制品类零售额同比增长13.2%,建筑及装潢材料类零售额同比增长14.8%。外贸进出口形势持续向好。贵州着力推进内陆开放型试验区建设,对外贸易扭转上年负增长态势,实现快速发展。贵州进出口总额549.03亿元,同比增长46.2%。其中,出口总额390.17亿元,同比增长24.9%。

(五)加快培育和壮大新经济,新旧动能转换提速

贵州着力培育和发展以新产业、新业态和新商业模式等为代表的新经济,打造新引擎、增强新动能、释放新活力,经济发展新旧动能转换加快,新经济对贵州经济增长带动能力进一步增强。新企业加快培育。2017年,贵州新建成投产的规模以上工业企业514个,对规模以上工业经济的贡献达到31.8%。新产品不断增多。制造业产业链进一步延长,产品种类不断丰富。民用无人机、风力发电机组等31种产品在贵州实现零的突破,在统的主要工业产品种类提高到341种,占全国在统工业产品的比重达到56.5%,所占比重比上年提高1.3个百分点。贵州制造不仅有全球知名的茅台和老干妈,手机、钢绳、吉他等产品也远销海内外,拿手机来说,2017年贵州智能手机产量1855.66万部,产量位居全国前列。新驱动能力增强。加快推动大众创业、万众创新，最大程度地释放创业创新潜力。贵州高技术产业增加值同比增长 39.9%；发明专利申请量同比增长 26.8%；每万人有效发明专利拥有量 2.37 件，同比增长 19.1%。

三、当前经济发展存在的问题及原因分析

贵州经济运行存在的突出问题是：主要经济指标增速回落，经济保持平稳较快增长的难度加大。贵州地区生产总值增速比上年回落 0.3 个百分点；规模以上工业增加值增速比上年回落 0.4 个百分点；固定资产投资增速比上年回落 1.0 个百分点；社会消费品零售额增速比上年回落 1.0 个百分点；金融机构人民币各项存、贷款余额增速比上年分别回落 12.5 个和 1.8 个百分点。主要经济指标增长有所回落，既有短期性因素的影响，又有长期的结构性矛盾，还有经济发展规律等方面原因。

（一）从短期因素看贵州经济发展

当前，影响贵州经济运行的短期因素主要有三个方面：一是煤炭价格上涨与煤炭产能供应不足，逐渐向电力等重点行业传导，主要行业增长存在不确定性。2017 年，贵州煤炭开采和洗选业价格指数大幅上涨，同比涨幅超过 30%，但受产能压缩等影响，煤炭供应保障能力仍然略有不足。据贵州省经信委数据，贵州电力负荷持续高位运行，电煤需求增大，原煤产量不足，库存不断下滑，面临缺煤停机和拉闸限电的危险。受此影响，贵州对外送电大幅下滑，向贵州省外送电 343.27 亿千瓦时，同比下降 21.9%。二是部分传统行业生产继续呈下降趋势。贵州煤炭开采和洗选业增加值 777.40 亿元，同比下降 4.9%；黑色金属冶炼和压延加工业增加值 84.42 亿元，同比下降 4.6%；石油加工、炼焦和核燃料加工业增加值

16.35亿元,同比下降24.2%。三是部分企业因环保技改或达不到环保要求而暂时停产,对相关行业增长造成一定影响。贵州化学原料和化学制品制造业增加值同比增长4.2%,增速比上年回落8.6个百分点。

(二) 从长期结构性矛盾看贵州经济发展

贵州产业发展结构性问题仍然比较突出,三次产业呈现"三二一"格局,但第二产业比例总体偏低,没有突破工业化初期的结构特征,影响了贵州经济的整体竞争力。一是农业结构调整有待加快。近年来,贵州农业加快"接二连三",产业化水平有所提高,但农业结构调整需进一步加快。特别是畜牧业,由于散养比例高,规模化养殖程度低,在很大程度上影响了畜牧业对经济发展的贡献。贵州畜牧业增加值531.08亿元,同比增长4.4%,增速低于第一产业增加值2.3个百分点。二是工业新旧动能转换有待加快。煤、电、烟、酒等传统行业占比仍然较高,贵州煤、电、烟、酒四大行业增加值占规模以上工业的比重为56.3%,占比比上年提高1.9个百分点。新兴行业增速虽快,但占比较低,对工业经济发展拉动作用有限。比如:电子行业占规模以上工业经济比重不到3%,增速虽接近90%,但带动作用有限。三是服务业发展质量不高。现代服务业发展滞后,传统服务业仍然占据大半江山。2017年,贵州批发零售业、住宿餐饮业、房地产业等传统服务业增加值合计占服务业增加值的比重高达34.9%。

除结构性矛盾外,还有两个方面问题需重点关注:一方面,产业投资呈持续回落态势,对经济发展后续增长带来影响。2017年,贵州工业投资同比增长5.2%,增速比上年回落14.9个百分点,工业投资占固定资产投资的比重为16.6%,占比比上年下降7.2个百分点。另一方面,实体经济生产经营困难,新增企业实力较弱,存活期较短,后续增长乏力。据统计调查显示,2013年以来,由于关闭、停产、注销等原因退出统计调查范围的企业有1202家，占2017年10月底规模以上工业企业数的21.6%。其中，"入规纳统"后又退库的达到384家，占"入规纳统"企业数的9.2%，即9.2%的企业在库存活期低于4年。大部分新增企业除第一年增长较快外，随后年份均回落到个位数以下，不仅低于贵州工业平均增速，部分年份还出现负增长。

（三）从经济发展的规律看贵州经济发展

部分经济指标增速出现回落，也有经济发展规律的原因。一是随着经济基数不断扩大，保持贵州经济较快增长难度增大。贵州经济增速实现"七连先"，地区生产总值、工业、投资、消费等主要经济指标均比2010年实现翻一番以上。按经济发展规律，随着经济总量规模不断扩大，经济增速将会减缓，因而要辩证地看待这一情况。现在经济每增长一个百分点，带动的增量比过去大得多。二是新常态下贵州经济增长速度虽处在调整阶段，但仍处于平稳向好区间。纵向比较，地区生产总值增速已从2011年的15.4%回落到2017年的10.2%，呈稳中趋缓态势。横向比较，贵州经济发展仍高于全国、高于西部，保持了2010年第四季度以来追赶跨越的发展态势，在全国位次靠前。

四、2018年经济走势预测

2017年12月，全国制造业PMI和非制造业商务活动指数分别为51.6%、55.0%，环比"一升一降"，但仍保持在较高水平，反映出经济发展市场活力继续向好。在稳定向好的宏观经济环境下，预计贵州经济将继续走稳。2018年是全面贯彻落实党的十九大精神的开局之年，是贯彻落实贵州省第十二次党代会精神和实施"十三五"规划的关键一年。党的十九大报告指出，我国经济已由高速增长阶段转向高质量发展阶段,正处在转变发展方式、优化经济结构、转换增长动力的攻坚期,将坚持质量第一、效益优先,推动经济发展质量变革、效率变革、动力变革。进入新时代,面对新形势,贵州经济仍需在一段时期保持平稳、较快增长。

(一) 2018年贵州省经济发展预期

从必要性来看,贵州要打赢脱贫攻坚战,实现与全国同步,全面建成小康社会,必须在一段时期内,确保经济保持两位数增长。

从可能性来看,一方面,中央经济发展战略赋予了贵州经济发展更多内涵,可有力支持一段时期内贵州经济保持平稳、较快增长。比如:中央提出,深化供给侧结构性改革,推动互联网、大数据、人工智能和实体经济深入、融合发展。贵州在大数据产业发展方面有先行优势,已成功吸引了一批大数据企业落户,加之"三去一降一补"继续推进,继续淘汰落后产能,更有利于提质、转型、升级发展。另一方面,随着基础条件日益改善,发展集聚的势能逐渐增大,发展环境不断优化,资源红利、生态红利、劳动力红利、政策红利、改革红利叠加释放,贵州经济发展面临较多有利条件。

综合必要性和可行性分析,预计2018年贵州经济可保持稳定发展。

(二) 值得关注的一些领域

一是需警惕工业品价格上涨向消费领域传导,造成物价上涨过快。2017年,贵州工业生产者出厂价格指数持续高位运行,同比上涨7.2%;居民消费价格指数持续低位运行,同比上涨0.9%。工业产品价格上涨较快与居民消费小幅上涨形成鲜明反差,需重点关注,防止物价大起大落给经济增长带来影响。二是需警惕房地产市场运行的不稳定性。2017年,贵州房地产市场去库存步伐加快,房屋销售面积快速增长,商品房屋销售面积同比增长13.0%,销售额同比增长25.1%。但与此同时,商品房屋竣工面积同比下降38.4%,施工面积同比仅增长0.2%。在商品房屋销售增加、价格上涨情况下,贵州房地产开发投资增速仅为2.4%,需引起关注。要按照中央"房子是用来住的"精神,加大对房地产市场的管控,警惕房价大起大落给经济发展带来影响。

五、经济工作有关建议

(一)培育发展新动能,加快实现新旧产业的接续和增长动能的转换

一是以加快第一产业与二三产业融合为重点,提高农业附加值。以农业供给侧结构性改革为主线,立足农业及特色农产品,推进农村经济结构战略性调整,发展一村一品、一县一业,改变祖祖辈辈种玉米的传统,结束样样都有、样样都不成规模的历史。二是以发展新经济、新动能为关键,加快构建现代工业体系。着重抓好市场需求形势较好的电子、汽车、装备、医药、食品等新兴和特色产业发展,进一步扩大规模、提升占比,助力经济回升。同时,加强"千企改造"力度和准确度,对传统企业实施精准改造升级,推动新旧动能转换,淘汰落后产能,促进传统企业提质增效。三是以发展新兴服务业、新商业模式为举措,培育经济新增长点。在信息传输、计算机服务和软件业、租赁和商务服务业等新兴服务业重点领域寻求突破;加快现代物流发展,优化发展商贸物流,大力发展冷链物流;推进金融服务体系建设,鼓励各类金融新产品、新工具的推广和应用。

(二)狠抓重大项目建设,扩大有效投资

一是以综合成本优化为重点,激发民营经济活力。加快推进以电力改革等为重点的要素成本环境建设,实现营商环境优质发展,努力构建综合成本洼地和企业利润高地,提高投资总量和优化投资结构;进一步降低重点领域和行业民间投资市场准入门槛,鼓励民营企业参与国有企业改革。加强对民营企业的指导和服务,为民营企业提供多样化的金融服务和融资支持,促进金融资金"脱虚入实"。推广PPP等多种投融资模式,建立合理的投资回报机制,吸引更多民营资本参与PPP项目建设和运营。二是以项目储备为要务,保持发展的连续性和稳定性。应提早谋划、积极储备一批重点项目,继续加大招商引资力度,重点做好产业链招商和以商招商。特别是谋划和布局一批优化投资结构、促进转型升级、推动经济提质增效的重大项目。三是加大重点领域投资。加速推进高速公路"决战"和"组组通"公路"大决战",加大水利、城建、电力等领域投资;保持工业投资稳定增长,在能源、白酒、建材、装备制造等领域加快推动建设一批重点项目;精准开展上门招商、产业链招商,加快引进一批优强企业到贵州投资落户。

(三)增强消费的对外吸引力,激发消费潜力

一是加快限额以上批零住餐企业(单位)转型升级。引领传统商贸企业转型发展,加速引进新兴的体验式、分享式商业模式,提升线下体验、配送和售后服务水平,加速限额以上企业(单位)转型升级力度。二是加快培育新的消费热点。增加消费领域有效供给,培育新的消费热点。三是加快网上消费平台建设。在充分重视网络零售对贵州居民购买力虹吸效应的同时,更应重视引导贵州商户积极参与网络零售竞争,积极通过网络零售平台销售贵州特色产品,着力打造一批标识度高、信誉度好、特色鲜明的贵州特色产品网上金牌店,努力留住贵州省内购买力,吸引贵州省外购买力。

云南省2017年经济运行情况及 2018年经济发展趋势分析

一、2017年云南省经济运行情况

初步统计，2017年云南地区生产总值同比增长9.5%，固定资产投资（不含农户）同比增长18%，地方一般公共预算收入同比增长6.2%，社会消费品零售总额同比增长12.2%，外贸进出口总额同比增长19.9%，城镇常住居民人均可支配收入同比增长8.3%，农村常住居民人均可支配收入同比增长9.3%，城镇新增就业49万人，居民消费价格指数同比上涨0.9%，万元地区生产总值能耗下降、农村贫困人口脱贫等约束性指标均完成年度任务。

（一）经济保持平稳较快发展

加强经济形势研判，及时出台"稳增长"22条等一系列政策措施，全年经济增长实现高开稳走、稳中向好。地区生产总值增速高于全国平均水平2.6个百分点。固定资产投资在经济增长中继续发挥主要拉动作用。消费对经济增长的基础作用不断增强。就业形势总体较好，价格总水平基本稳定，各类风险挑战得到妥善应对。

(二) 供给侧结构性改革取得阶段性成效

压减生铁产能31万吨、粗钢产能50万吨,取缔"地条钢"600万吨,退出煤炭产能169万吨。商品房库存消化周期处于合理区间。国有企业市场化债转股取得积极进展。全年为企业减轻成本负担900亿元。教育、卫生补短板工程项目扎实推进。新增销售收入10亿元以上的农业"小巨人"企业6户,新增认定50户省级农业龙头企业、100户规模以上农产品加工企业、80个云南名牌农产品。第一产业增加值同比增长6%。

(三) 固定资产投资保持高速增长

固定资产投资增速连续3年位居全国前列。大力实施"十、百、千"项目投资计划、"四个一百"重点项目建设计划、重大前期项目投资计划,切实加快项目建设。全年争取中央预算内投资225.34亿元。投融资体制改革深入推进,企业投资主体地位进一步确立。民间投资同比增长11%。

(四) 产业转型升级取得积极进展

烟草制品业增加值同比增长0.5%。油气管道建设取得重要进展,西电东送电量再创新高,电力行业增加值同比增长19.6%。出台推动水电铝材、水电硅材一体化发展实施意见。启动实施服务经济倍增计划。重拳整治各类旅游乱象。全面启动"一部手机游云南"建设。公布了15个省级首批双创示范基地,昆明经济开发区纳入国家第二批双创示范基地名单。新增145户高新技术企业、1271户科技型中小企业。

(五) 以综合交通为重点的五网基础设施建设成效显著

路网建设方面:启动高速公路"能通全通"工程,新增高速公路通车里程 888 公里，通车总里程突破 5000 公里。昆明地铁 6 号线一期、3 号线投入试运营。航空网建设方面，澜沧机场建成通航，实现东南亚国家首都航线全覆盖。水网建设方面，滇中引水工程开工建设，德厚水库等重点水利工程顺利推进，完成"五小水利"工程 35 万项。能源保障网建设方面，滇西北至广东 ±800 千伏直流输电工程单极投产，中缅天然气干支管道沿线 8 个州（市）全部实现通气用气。互联网建设方面，新增 4G 基站 2.6 万个，城区光纤宽带覆盖率达 100%，行政村通光缆比例达 98% 以上。

（六）改革开放向纵深推进

深化改革方面，取消省级部门行政许可事项 101 项、中介服务事项 25 项。国有企业混合所有制改革扎实推进。全面推开城市公立医院医疗服务价格改革，全部取消药品加成。全社会信用体系建设初见成效。开放合作方面，成功举办外交云南全球推介会、2017 南亚东南亚国家商品展暨投资贸易洽谈会等重大活动。驻外商务代表处实现南亚东南亚国家全覆盖。中国（云南）国际贸易"单一窗口"建成运行。新引进 10 户世界 500 强企业。

（七）区域城乡发展格局进一步优化

修编滇中城市群规划，滇中新区建设和滇中城市群"六个一体化"进程加快。云南经济总量过千亿州（市）达到 5 个。有望新增 8 个地区生产总值超百亿的县。云南省财政投入 10.5 亿元推动 5 个创建国际水平、20 个创建全国一流和 80 个创建云南一流的特色小镇规划建设。国家新型城镇化综合试点工作初见成效。新开工建设海绵城市 61.8 平方公里、城市地下综合管廊 181 公里。

（八）精准扶贫精准脱贫扎实推进

省级以上财政专项扶贫资金投入达 117.8 亿元，同比增长

26%，整合195亿元涉农资金投入脱贫攻坚。全面完成2016年易地扶贫搬迁问题整改工作，2017年搬迁集中安置点开工率达100%。实现转移就业54万人次，围绕4类重点对象实施危房改造32万户，生态扶贫使57.9万贫困人口直接受益，精准资助贫困户学生89万人，贫困人口全部参加基本医疗保险和大病保险。全年有望实现115万贫困人口脱贫。

（九）绿色发展迈出坚实步伐

狠抓中央环境保护督察反馈意见整改落实。完成生态保护红线划定方案。实现省级环境保护督察州（市）全覆盖。全面推行河（湖）长制。昆明、保山、玉溪、大理被列为第三批国家生态修复城市修补试点城市。森林覆盖率达到59.3%。玉溪市、普洱市思茅区列入国家第三批低碳试点城市。完成万元地区生产总值二氧化碳排放下降年度任务。开展蓝天保卫、碧水青山、净土安居3个专项行动。云南主要河流国控省控监测断面水质优良率为82.6%，环境空气质量平均优良率为98.2%。

（十）民生保障持续加强

云南财政民生支出占地方一般公共预算支出比重达72.2%。就业工作不断加强，新增城镇就业人数比上年增加4.2万人，扶持创业12.2万人。保障体系持续完善，城镇和农村居民最低生活平均保障标准分别比上年提高12.3%、18.7%。基本建成20万套城镇保障性住房。鲁甸地震灾后恢复重建工作基本完成。教育事业继续加强，投入130亿元资助各级各类学生1056万人次，投入"全面改薄"项目资金303.32亿元改善义务教育薄弱学校基本办学条件。公共卫生服务供给持续改善，所有公立医院全部取消药品加成，新增9所三甲医院，云南阜外心血管医院建成运行。文化体育事业加快发展，成功举办第十届云南省民族民间歌舞乐展演等系列活动，安宁市、腾冲市入选全国文明城市，改造17个县（市、区）、200个乡镇（街道）、380个村（社区）体育场馆（所）。云南社会治安秩序良好，安全生产形势总体平稳，食品药品安全形势良好。

二、2018年经济社会发展主要预期目标

（一）总体发展环境

综合判断，2018年云南经济社会发展具备许多有利条件和积极因素，但改革发展的任务仍然十分艰巨。从国际看，世界经济有望继续复苏。从国内看，我国经济已由高速增长阶段转向高质量发展阶段，经济发展总体平稳、稳中向好的态势在延续。从云南看，经济长期向好的基本面没有改变，多项国家战略交汇、多项政策叠加的战略机遇期没有改变。当前，是云南各种优势和潜力集中释放的机遇期，是破解难题、补齐短板、转换动能、全面建成小康社会的决胜期，是实现云南跨越崛起的关键期。

（二）主要发展目标建议

地区生产总值增长8.5%，固定资产投资（不含农户）增长16%，地方一般公共预算收入增长5.5%，社会消费品零售总额增长11%，外贸进出口总额增长15%，居民消费价格涨幅控制在3%左右，城镇和农村常住居民人均可支配收入分别增长8%、9%，城镇新增就业45万人以上，实现145万农村贫困人口脱贫，人口自然增长率控制在7.1‰左右，完成国家下达的节能减排任务。

三、2018年经济社会发展主要任务和重点工作

（一）着力深化供给侧结构性改革

"破""立""降"结合，深入推进"三去一降一补"。一是坚决破除无效供给。严防"地条钢"死灰复燃，压减粗钢产能 27 万吨，退出煤炭产能 58 万吨，化解煤电过剩产能 100 万千瓦以上。依法限期处置"僵尸企业"。二是加快住房制度改革和长效机制建设。建立多主体供应、多渠道保障、租购并举的住房制度。新开工棚户区改造住房 10 万套以上，基本建成城镇保障性住房 7 万套。三是打好防范化解重大风险攻坚战。严格控制增量债务，逐步消化存量债务，积极防范化解地方政府性债务风险。积极推动市场化、法治化债转股。确保不发生系统性、区域性金融风险。四是大力降低实体经济成本。抓好降低实体经济企业成本 75 条等政策措施落实，确保降低实体经济成本 780 亿元左右。五是提高补短板的综合效应。制定教育卫生补短板工程"时间表"和"路线图"。

（二）着力促进经济平稳健康发展

第一，全力扩大有效投资。充分发挥投资对稳增长、调结构、优供给的关键作用。一是优化投资结构。突出抓好工业投资、民间投资和滇中 5 个州（市）、滇中新区的固定资产投资。二是强化项目前期工作。充实完善云南固定资产投资项目库。争取一批重大项目列入国家专项规划。提前启动实施"十三五"规划后期项目。三是推动重大工程项目建设。实施好"四个一百"重点建设项目计划。四是大力提振工业投资。推进实施新一轮企业技术改造。加大工业投资考核奖惩力度，大幅提高工业投资占固定资产投资的比重。五是多渠道筹集项目建设资金。积极争取中央预算内资金和政

府债券限额，盘活存量资产，向社会集中推介一批有现金流、有稳定回报预期、吸引力较强的政府与社会合作项目。第二，积极推进消费提档升级。大力培育新的消费热点。促进电商消费和信息消费。严厉打击侵权假冒行为，优化市场消费环境。第三，着力稳政策、稳预期、稳市场。出台促进经济持续、健康、较快发展22条措施，稳定社会预期和市场信心。开展"十三五"规划纲要实施情况中期评估。

（三）着力加快现代产业体系建设步伐

一是推动传统优势工业优化升级。制定做强、做优能源产业"施工图"，拓展云南省内外和境外电力市场，力争全年能源产业增加值突破1000亿元。建设铝工业工程研究中心、硅工业工程研究中心，确保昭通、大理鹤庆水电铝项目年内投产，推动水电铝材、水电硅材一体化发展取得新突破。加快烟草产业转型升级步伐。二是推动重点产业和新兴产业加快发展。尽快发布实施生物医药和大健康、信息、先进装备制造、新材料4个产业发展"施工图"。加快发展新能源汽车产业。推进建设一批工业转型升级重点项目、重点技术创新项目、智能制造示范项目。推进军民融合产业基地建设。三是推动现代服务业创新发展。深入实施服务经济倍增计划。完成云南旅游大数据中心、游客综合服务平台、旅游综合管理平台建设，实现"一部手机游云南"高质量上线运行。在昆明、河口、瑞丽等地建设5个省级现代物流示范园。

（四）着力加快创新型云南建设

一是继续推进面向南亚、东南亚科技创新中心建设。积极建设云南科技创新城。新建院士专家工作站60个、国家级重点实验室1个、省级重点实验室10个。二是实施一批重大科技专项。深入实施生物医药、新材料、电子信息与新一代信息技术等5个重大专项及重点研发计划。三是积极培育创新主体。新认定高新技术企业120户以上、科技型中小企业500户以上。深入实施"千人计划""万人计划"。办好"双创活动周"。

(五) 着力打好精准脱贫攻坚战

一是突出打好"十大攻坚战"。打好易地扶贫搬迁攻坚战,确保完成国家规划的15万人易地扶贫搬迁任务,启动实施新增的35万建档立卡贫困人口易地扶贫搬迁任务。打好产业就业扶贫攻坚战,转移就业85万人,扶持专业合作社6万个。打好生态扶贫攻坚战,新增生态护林员5万名,带动20万贫困人口稳定增收脱贫。打好健康扶贫攻坚战,落实好"健康扶贫30条"。打好教育扶贫攻坚战,专项资金和招生就业、教师待遇等政策优先倾斜保障深度贫困地区。打好素质提升攻坚战,对"直过民族"和人口较少民族深度贫困人口普及国家通用语言和常用规范文字,实施青壮年劳动力素质提升行动计划。打好农村危房改造攻坚战,实现4类重点对象农村危房改造40万套。打好贫困村脱贫振兴攻坚战,新改建农村公路1.5万公里,建成硬化路1万公里,实现100万农村人口饮水安全度巩固提升。打好守边强基攻坚战,扎实推进第二轮改善沿边群众生产生活条件三年行动计划。打好迪庆、怒江深度贫困脱贫攻坚战,推动新增资金、项目、举措进一步向两州倾斜。二是注重激发内生动力。坚持扶贫同扶志、扶智相结合,实施人才计划和科技专项计划。建立帮扶措施与贫困群众联动机制。扎实开展"自强、诚信、感恩"主题实践活动。三是巩固提升大扶贫格局。广泛动员社会力量参与脱贫攻坚,推动中央国家机关和省级部门(单位)定点扶贫、东西部扶贫协作、云南省内对口帮扶工作。

(六) 着力实施乡村振兴战略

出台云南乡村振兴战略规划,选择一批试点示范分类推进。一是提高农业发展质量效益。实施产业兴村强县行动。大力培育新主体，力争年销售收入超过 1 亿元的龙头企业新增 100 户以上，年销售收入超过 10 亿元的龙头企业新增 10 户以上。二是推进农村一、二、三产业融合发展。加快实施高原特色现代农业产业发展三年行动计划。开展现代农业园、田园综合体、农业产业化联合体示范创建。三是增强农业农村发展活力。全面完成农村土地承包经营权确权登记颁证工作。积极搭建农村创新创业平台。推进乡村文明建设。

（七）着力推进生态文明建设

一是进一步健全生态文明建设制度体系。实行生态环境损害赔偿制度。实施能源消费总量与强度"双控"行动。推进生态环境监测数据联网共享。二是打好污染防治攻坚战。深入实施蓝天保卫行动，确保云南环境空气质量优良指数稳中有升。深入落实"水十条"，认真落实河（湖）长制，确保地表水优良水体比例达到 70% 以上。深入实施"土十条"和净土安居行动，有序推进土壤污染治理与修复。深入实施城乡"四治三改一拆一增"和农村"七改三清"环境综合整治。深入开展"厕所革命"。三是持续加强生态保护建设。完成营造林 800 万亩、退耕还林和陡坡地生态治理 300 万亩，力争森林覆盖率提高到 60% 以上。

（八）着力加强现代基础设施网络建设

路网建设方面，加快建设 67 个高速公路项目，全面改造提升高速公路服务区，加快怒江美丽公路和"四好农村路"建设。确保昆明至大理动车开通运营，新开工建设弥蒙高铁等项目，加快推进渝昆高铁等项目前期工作。航空网建设方面，争取新开工建设元阳机场等 7 个项目，兰坪通用机场建成通航，力争新开辟国际航线 10 条。水网建设方面，继续推进滇中引水等 5 个重大水利工程、47 个中型水库工程和 132 个小型水库工程，新开工 50 个重点水网工程。

能源保障网建设方面，新开工建设±800千伏昆柳龙特高压多端直流工程等一批重点项目，投产、开工一批天然气支线建设项目。互联网建设方面，新建4G基站3.5万个、光缆1.5万公里。加快5G网络商用和物联网应用。物流基础设施建设方面，建设一批综合物流枢纽、物流示范园区和冷链物流园区。推动云南建制村通邮。建设交通运输物流大数据分析平台。城市和农村基础设施建设方面，开工建设海绵城市55平方公里、城市地下综合管廊120公里、污水配套管网500公里。实施新一轮农村电网升级改造工程。

（九）着力推动区域协调发展

一是加快推进以特色小镇为重点的新型城镇化建设步伐。建立情况通报、督查、会商和考核4个机制，力争每个特色小镇完成总投资的60%以上。有序推进农业转移人口市民化。认真总结国家新型城镇化综合试点工作。二是协调推进区域联动发展。出台云南2018年推动长江经济带发展工作要点。深入推进滇中城市群一体化建设，推动滇中新区加快发展。积极推进玉溪市、普洱市国家产城融合示范区建设。支持资源枯竭城市转型发展。三是切实增强县域经济发展活力。鼓励和支持20个县域经济转型发展试点县先行先试、率先突破。力争全年新增10个地区生产总值超百亿元的县（市、区）。

（十）着力深化改革扩大开放

持续深化重点领域和关键环节改革。深化"放管服"改革，逐步实现政务数据统一归口管理。深化商事制度改革，加快推进"证照分离"改革。加快落实以新型核准制度为核心的投资审批制度。深化国企国资改革。全面深化电力体制改革，纵深推进输配电价改革。持续深化财税、产权保护、社会信用、收入分配等领域改革。积极构建全方位开放新格局。主动服务和融入"一带一路"建设、长江经济带发展，积极参与中国—中南半岛、孟中印缅、中老、中越、中缅经济走廊以及中国—东盟自贸区、澜湄合作机制建设，推动中柬合作机制建设。争取国家尽快出台支持云南辐射中心建设的政策措施。办好第五届中国—南亚博览会。

（十一）着力保障和改善民生

一是优先发展教育事业。完成"全面改薄"任务，积极推进县一中标准化建设。扎实推进"控辍保学"。大力支持"双一流"建设。二是提高就业质量和居民收入水平。实施"云岭创业计划"，统筹做好重点群体就业工作。鼓励各地制定出台促进居民持续增收的政策措施。三是进一步完善社会保障体系。深入实施全民参保计划。深化全民医疗保险制度改革，统一城乡居民大病保险政策。稳步提高最低生活保障标准。四是加快推进健康云南建设。推动3个没有达标的州（市）级医院建成三甲医院、40所县级医院达到国家标准。推动中医药、民族医药高质量发展。加快发展老龄产业。五是促进文化体育事业繁荣发展。实施优秀传统文化传承发展工程、"云南文化精品工程"和"国门文化"建设工程。建设一批城市体育服务综合体。广泛开展全民健身运动。六是推进社会治理创新。强化安全生产重点领域治理，加强食品药品安全监管体系建设。继续推进民族团结进步示范区建设"十县百乡千村万户"示范创建工程。加强防灾减灾救灾工作。深化平安云南、法治云南建设，确保社会大局和谐稳定。

西藏自治区 2017 年经济运行情况及 2018 年经济发展趋势分析

西藏自治区党委、政府坚持以习近平新时代中国特色社会主义思想为引领，深入学习贯彻党的十九大精神，积极贯彻落实西藏自治区第九次党代会、九届三次全委会、西藏经济工作会议精神，牢牢把握"稳中求进、进中求好、补齐短板"工作总基调，树牢新理念，适应新常态，引领新发展，以供给侧结构性改革为主线，以提高发展质量和效益为中心，扎实做好稳增长、调结构、促改革、惠民生各项工作，西藏经济保持了平稳、较快发展，人民生活水平不断提高。

一、2017 年经济运行基本情况

初步核算，西藏 2017 年实现地区生产总值 1310.63 亿元，按可比价格计算，同比增长 10.0%，增速位居全国第二。其中，第一产业完成增加值 122.80 亿元，同比增长 4.3%；第二产业完成增加值 514.51 亿元，同比增长 11.9%；第三产业完成增加值 673.32 亿元，同比增长 9.7%。三次产业比例由 2016 年的 9.2∶37.5∶53.3 调整为 9.4∶39.2∶51.4。

(一) 一次产业继续稳固，二三产业快速发展

农业经济继续稳固。2017年，实现农林牧渔业总产值183.6亿元，按可比价格计算，同比增长4.4%。蔬菜产量72.73万吨，同比增长2.9%。猪牛羊肉产量30.03万吨，同比增长3.2%；奶类产量42.27万吨，同比增长16.9%。牲畜存栏1740.16万头，同比下降3.5%；猪牛羊出栏579.57万头，同比增长4.3%。

工业经济保持快速增长。2017年，西藏规模以上工业企业完成增加值按不变价格计算同比增长14.2%。支柱产业支撑作用明显，有色金属矿采选业、电力热力生产和供应业、非金属矿物制品业和酒、饮料和精制茶制造业，累计实现增加值分别为25.83亿元、25.40亿元、17.45亿元、12.00亿元，同比分别增长12.1%、36.4%、1.9%、16.4%。四大行业占规模以上工业增加值比重高达83.2%。主要产品产量保持较快增长，铜金属产量5.66万吨，同比增长29.8%；包装饮用水72.6万吨，同比增长23.3%。

建筑业快速增长。2017年，西藏建筑业实现增加值411.49亿元，按可比价计算同比增长12.2%。从构成看，建筑工程产值132.92亿元，同比增长35.2%，占全部总产值的89.9%；安装工程产值13.62亿元，同比增长100%，占全部总产值的9.2%。

服务业增长较快。2017年，西藏规模以上服务业营业收入66.54亿元，同比增长13.6%。交通运输业持续兴旺。2017年，西藏货物周转量136.71亿吨公里，同比增长9.5%。其中，铁路30.47亿吨公里，同比增长1.1%；公路105.82亿吨公里，同比增长12.0%；民航0.41亿吨公里，同比增长67.5%。旅客周转量106.89亿人公里，同比增长32.3%。其中，铁路18.10亿人公里，同比增长12.8%；公路26.66亿人公里，同比增长12.6%；民航62.13亿人公里，同比增长51.5%。旅游业稳步增长。2017年，西藏接待海内外旅游者2561.43万人次，同比增长10.6%。其中，国

内旅游者2527.08万人次,同比增长10.7%;入境旅游者34.35万人次,同比增长6.7%。实现旅游总收入379.37亿元,同比增长14.7%。

(二)需求拉动持续增强,投资消费快速增长

投资规模成效显著。2017年,全社会固定资产投资累计完成2051.04亿元,同比增长23.9%。按产业分,第一产业完成投资78.21亿元,同比下降19.6%;第二产业完成投资413.44亿元,同比增长40.2%;第三产业完成投资1559.38亿元,同比增长23.4%。全社会固定资产投资项目本年到位资金1671.34亿元,同比下降3.8%。民间投资完成245.21亿元,同比下降7.3%。房地产完成投资40.36亿元,同比下降16.8%。

消费市场增长较快。2017年,西藏社会消费品零售总额累计实现523.32亿元,同比增长13.9%。分城乡看,城镇消费品零售额438.01亿元,同比增长14.2%;乡村消费品零售额85.30亿元,同比增长12.6%。分行业看,商品零售额完成435.50亿元,同比增长13.7%;餐饮收入87.82亿元,同比增长15.1%。

进出口贸易蓬勃发展。2017年,西藏实现进出口总值58.85亿元,同比增长13.9%。其中,进口29.35亿元,同比增长43.6%;出口29.50亿元,同比下降5.5%。

(三)质量效益持续改善,人民获得感不断增强

企业盈利保持高位。在西藏经济快速增长的情况下,工业企业盈利水平不断提升。2017年规模以上工业累计实现主营业务收入207.28亿元,同比增长19.1%;实现利润总额25.23亿元,同比增长43.0%。在原材料价格上涨的带动下,采矿业利润总额同比增长88.2%。

财政收入延续高速增长态势。2017年,西藏实现地方财政收

入259.11亿元,同比增长25.6%。其中,公共财政预算收入185.83亿元,同比增长19.4%。各项税收收入122.70亿元,同比增长23.9%。

居民收入增长快于经济增长。2017年,城镇居民人均可支配收入30671元,同比增长10.3%;农村居民人均可支配收入10330元,同比增长13.6%。

(四) 运行环境持续向好,内生动力不断增强

各种要素支撑有力。金融存贷款稳步增长。12月末,西藏金融机构人民币存款余额4952.51亿元,同比增长13.3%;金融机构人民币贷款余额4041.44亿元,同比增长32.7%。财政支出持续倾向民生。2017年,西藏地方财政支出1768.17亿元,同比增长7.8%。其中,一般公共财政预算支出1681.91亿元,同比增长6.1%。与民生相关的八项支出1071.72亿元,同比增长15.4%。就业完成预期目标。2017年,西藏新增城镇就业5.46万人,失业人员再就业0.91万人,就业困难对象再就业0.87万人。城镇零就业家庭实现动态清零。城镇登记失业率控制在2.68%。

消费价格涨幅持续回落。2017年以来,西藏CPI涨幅不断收窄。2017年,居民消费价格总水平同比上涨1.6%。在八大类商品中,医疗保健类价格上涨最快,达2.7%,衣着类价格同比上涨2.3%,食品烟酒类价格同比上涨2.0%,居住类、教育文化和娱乐类、交通和通信类、生活用品及服务类、其他用品服务类同比分别上涨1.6%、1.1%、0.8%、0.6%、0.4%。工业生产者价格高位持续。2017年,工业生产者出厂价格同比上涨10.0%。在工业生产者出厂价格中,生产资料价格同比上涨11.7%,涨幅比1—11月回落1.5个百分点。其中采掘业价格同比上涨29.4%,原材料价格同比下降4.2%,加工业价格同比上涨5.6%。生活资料价格同比上涨6.5%,其中食品、衣着、一般日用品、耐用消费品价格同

分别上涨6.5%、12.9%、4.5%、15.2%。

用电量快速增长。2017年，全社会用电量58.19亿千瓦时，同比增长18.2%。其中，工业用电量26.07亿千瓦时，同比增长20.8%，为经济增长提供了有力的电力保障。市场主体增幅明显。年末西藏实有市场主体达到22.69万户，同比增长19.2%。本年新增市场主体5.4万户，平均每天增加148户。

二、经济运行中存在的问题

尽管2017年西藏经济保持了平稳、较快增长，但是增速呈现出稳中趋缓态势，一些发展中的问题和困难需要给予高度关注。

一是经济发展水平低，不平衡、不充分问题依然突出。西藏2017年虽然保持了较快增长态势，增速连续五年位居全国前三，但无论是经济总量还是发展水平，同全国相比差距依然很大，发展不平衡、不充分的现象比较突出，人均地区生产总值、城乡居民收入仅达到全国平均水平的60%和70%左右。同时，西藏区内各地市之间、城乡之间、行业之间发展不平衡、不充分的现象也十分明显。拉萨市作为西藏自治区首府，主要经济指标占西藏的比重均超过30%，而阿里地区、那曲地区受自然环境、地理位置偏远等因素影响，经济发展水平仍然较低。

二是经济结构不尽合理，产业支撑能力较弱。从经济发展的内部结构看，三次产业发展不尽合理，特别是工业发展水平低，所占比重偏小。虽然2017年工业增加值占地区生产总值的比重提高了0.2个百分点，但仅为7.9%，低于全国平均水平近20个百分点。而且工业内部结构也不合理，非金属矿物制品业、有色金属矿采选业、电力热力的生产和供应业、酒饮料和精制茶制造业4个行业的比重超过75%。其中，超过四成的产值集中在铜、铬铁、水泥等附加值较低的矿物制品业上，高附加值的工业行业比重偏低，高技术行业比重更低。

三是特色优势产业发展缓慢，产业聚集效应差。天然饮用水、清洁能源、旅游文化是西藏自治区确定的强区产业。虽然2017年包装饮用水的产量增长较快，全年规模以上工业包装饮用水产量累计达73万吨，但与全年100万吨的目标相比，还存在很大差距。清洁能源，尤其是光伏发电入网困难，销路不畅，据了解，目前实际输出还不到装机总量的一半，产能利用率较低。2017年，旅游行业发展增速放缓，接待国内外旅游者人数增速回落，旅游黄金季节的增速均未超过20%，全年增速仅为10.6%。这三个强区产业产生的辐射带动作用不强，对上下游产业链的延伸也不够。

四是投资结构性矛盾突出，投资效益仍然比较低。近几年，西藏固定资产投资保持了较快增长，但是2017年以来投资的内部结构性矛盾凸显。主要表现为：第一，资金到位率低，"寅吃卯粮"的现象加剧，给经济发展带来不稳定因素。第二，投资效果系数比较差。西藏地区生产总值与固定资产投资的比率为1∶1.56，而全国为1∶0.76。西藏每实现1元的地区生产总值要比全国多投入一倍的固定资产投资。第三，民间投资持续下降。民间投资全年有10个月处在负增长区间，显示出民营企业家对未来市场发展的信心不足，投资意愿不强。第四，房地产投资下滑严重。受国家宏观调控的影响，房地产企业投资更趋谨慎。

五是传统商业动力减弱，新兴消费发展不足。长期以来，西藏"消费外溢"现象比较显著。2017年网上零售买家与卖家的逆差高达68.3亿元。无论是传统商业还是新兴商业，在西藏的消费服务水平与人民日益增长的多样化、个性化需求相比都有一定差距。同时，商贸、旅游、房地产等传统服务业档次不高，文化创意、信息服务、现代物流等新兴服务刚刚起步，批发零售贸易、住宿餐饮等传统商业所占比重很大，连锁经营、物流配送、电子商务、中介服务等新兴服务业发展滞后，导致西藏消费服务整体水平不高。

三、对下一步经济发展的建议

为保持西藏经济持续又好又快发展,针对经济发展中存在的问题和困难,特提出如下建议:

一是树立科学发展理念,努力缩小地区差异。各级政府和相关部门要树立科学发展理念,准确分析经济发展中存在的深层次问题,进一步提高自我供给能力,补齐发展短板,合理引导产业布局;加强宏观协调,加大财政转移支付和协调分配,加大对西藏区内不发达地区的支持,以改善居民生活条件和提高生活质量为核心,有效缩小地区之间的差异。发展壮大县域经济、园区经济,为当地经济发展提供支持。同时,适度加快城镇化进程,努力缩小城乡居民收入的"剪刀差",发展壮大中产阶级,积极缩小居民收入的基尼系数,缩小不同收入水平之间的不公平程度。

二是深挖西藏发展优势,推进产业结构优化。要发展现代特色农业,深入推进乡村振兴战略和农业供给侧结构性改革,增加科技投入,努力提高青稞产量,加大农畜产品深加工程度,形成完整产业链;不断壮大集体经济,有效提高农牧民收入,实现产业脱贫。要提高工业化水平,结合西藏实际,切实找准西藏工业发展缓慢的影响因素,以市场为引领,积极改善企业治理,拓宽销售渠道,有力推进产品差异化竞争,提高市场占有率。努力发展低消耗、高效益的企业,培养生命力强、竞争力强的企业,形成一批龙头骨干企业,打造产业集群,增强辐射带动作用,增强工业对经济发展的支撑作用。要积极引导西藏区内建筑业企业做大做强。制定相关政策,在项目运行时优先考虑本地企业,尽快形成西藏区内建筑业龙头企业。

三是发展壮大特色优势产业,全方位发挥带动作用。西藏自治区产业建设领导小组要切实找准影响产业发展的关键症结和矛盾,并加以解决。同时，加大检查监督力度，发挥西藏自治区产业建设领导小组下 13 个产业推进组的功能和作用。积极促进西藏好水打开西藏区内区外两个市场，加快协商光伏发电入网进度，配套相应优惠政策措施，真正让清洁能源造福人民生活。打造西藏旅游文化名片，整合旅游资源，加强景区基础设施建设，提高旅游文化产业管理水平，使旅游文化业成为经济发展的有力助推器。

四是积极预防地方债务风险，努力改善投资结构。进一步加强中央投资对重大项目的支持，争取更多的中央预算，提高项目资金的到位率，为固定资产投资的持续、高速增长提供坚实基础。积极拓宽投融资渠道，创新投融资方式，积极开展 PPP 项目。提高资金使用的经济效益和社会效益。要积极营造"亲""清"新型政商关系，提供更加开放、公平的市场环境，进一步贯彻《国务院办公厅关于进一步激发社会领域投资活力的意见》和"西藏第二次非公有制经济发展大会"精神，落实西藏自治区出台的各项优惠政策，千方百计调动民间投资的积极性，激发民间资本活力，提升民营企业家信心。适时调整房地产市场的调控方向，努力扭转房地产业发展的不利态势。

五是大力发挥消费拉动作用，促进消费转型升级。长期来看，拉动经济增长的主力应该是消费，而不是投资。相关部门要针对西藏消费外溢现象进行深入研究，切实采取有效措施促进消费市场发展。包括继续发挥传统商业的服务作用，以市场为引导，转型升级，及时调整，适应市场需求；积极开拓新商业模式，充分利用电子商务、"互联网+"等新兴技术，努力开拓西藏区外市场，抓住有利时机，发展壮大；积极开拓农村市场，促进农村居民消费的转型升级；完善仓储物流体系，降低企业流通成本。多措并举，促进消费市场健康发展。

四、2018年经济发展趋势

2018年,是深入学习贯彻党的十九大精神、全力推进决胜全面建成小康社会、全面打赢精准脱贫攻坚战的关键一年,也是推进实施"十三五"规划的重要节点。展望未来,我们有信心在西藏自治区党委、政府的坚强领导下,努力实现政府工作报告确定的主要发展目标:地区生产总值增长10%左右,全社会固定资产投资增长18%左右,地方财政收入增长7%左右,社会消费品零售总额增长13%以上,城镇居民人均可支配收入增长10%以上,农牧民人均可支配收入增长13%以上,居民消费价格指数控制在4%以内,城镇调查失业率控制在5.5%以内,城镇登记失业率控制在3%以内,保持西藏社会局势全面稳定、生态环境总体良好。重点抓好以下几方面工作。

一是不断深化改革,扩大开放。加快农牧区改革,完成西藏的土地确权。加快国企国资改革,基本完成西藏区属产业集团组建和平台建设。加快民营经济发展,按照第二次非公经济发展大会的要求,出台促进民间投资意见,力争民间投资增长5%以上。加快产业园区建设,推动藏青工业园建设取得重大进展,推动拉萨经济技术开发区提质发展,综合保税区、高新技术产业园区尽快挂牌运行。加大招商引资力度,力争年内实现招商引资600亿元以上,推进"央企助力西藏"协议项目落地,加快中尼跨境经济合作区建设。

二是坚决打好三大攻坚战。打好防范化解重大风险攻坚战,增强金融服务实体经济能力,支持企业加大直接融资。要进一步规范政府债务管理,抓好县以下隐性债务风险防控。要打好精准脱贫攻坚战,严把精准关,整合资金117亿元,加大深度贫困地区扶持力度。要打好污染防治攻坚战,减少主要污染物排放总量,开展农村人居环境整治活动，推进清洁能源利用。要深入推进美丽西藏建设，推进国家级自然保护区调整，全年新增造林面积110万亩。要积极主导推进第二次青藏高原综合科学考察研究。

三是加大基础设施建设投资。加大力度做好"十三五"规划项目实施工作，确保各类项目投资达到2000亿元以上。交通方面力争完成投资750亿元以上，拉萨至那曲、昌都至邦达机场高等级公路全线开工，全力推动拉林铁路建设。能源方面力争完成投资350亿元以上，加快推进苏洼龙、叶巴滩等水电站建设，推进西藏剩余12个县主电网覆盖。水利方面力争完成投资100亿元以上。市政方面力争完成投资300亿元以上。要稳健推进房地产发展。

四是推进特色产业提质增效。抓好高原生物产业，推进青稞、牦牛深加工。推进藏医药业规模发展。抓好特色旅游文化产业，抓好冬季旅游促销，实现全时旅游，确保全年旅游总人数增加800万人次以上。抓好绿色工业，实现天然饮用水销售量100万吨以上。力争华泰龙二期达产，玉龙二期、巨龙一期建成投产。加快推进锂矿开发。实现西藏昌都海通、山南华新、日喀则雪莲等水泥项目投产。抓好清洁能源产业，推进城网、农网改造升级。推进3~5家企业上市融资。抓好高新数字产业，年内实现光纤到村，通油路的地方实现通信全覆盖。抓好边贸物流产业，推进吉隆口岸和普兰、亚东等口岸建设，实现边境贸易和进出口贸易双增长。

五是抓住改善民生不放松。要提升教育发展水平，确保小学、初中入学率分别达到99.8%、99.4%，九年义务教育巩固率达到93.4%。要努力扩大就业，力争全年新增城镇就业5万人，实现高校毕业生充分就业。要全面深化医药卫生体制改革，推进公立医院综合改革和城乡居民基本医保制度整合，完成筛查出符合手术指征的包虫病患者免费手术治疗。要加快边境小康村建设，力争开工建设290个边境小康村，确保边疆巩固、边境安全。

新时代要求新使命，新征程要有新作为。西藏自治区党委政府将高举习近平新时代中国特色社会主义伟大旗帜,紧密团结在以习近平同志为核心的党中央周围,锐意进取,攻坚克难,团结带领西藏人民共同努力,为全面建成小康社会、开创西藏社会主义现代化建设新局面、谱写伟大中国梦西藏新篇章做出新的更大贡献。

甘肃省民族地区2017年经济运行情况

2017年，甘肃民族地区在甘肃省委、省政府的坚强领导下，深入学习贯彻党的十九大精神，全面落实习近平总书记视察甘肃重要讲话和"八个着力"重要指示精神，认真贯彻甘肃省第十三次党代会的决策部署，坚持稳中求进总基调，以新发展理念为引领，以供给侧结构性改革为主线，着力做好稳增长、促改革、调结构、惠民生、防风险各项工作，积极应对风险挑战，保持了经济运行平稳、脱贫攻坚力度加大、改革开放步伐加快、民生持续改善、社会和谐稳定的良好局面。

一、2017年民族地区经济运行情况

甘肃省是一个多民族聚居的省份。甘肃省内现有55个少数民族，少数民族人口241.05万人，占甘肃常住人口的9.4%。人口数较多的少数民族有10个，即回族、藏族、东乡族、裕固族、保安族、蒙古族、哈萨克族、撒拉族、土族、满族。其中东乡族、保安族、裕固族是甘肃省独有的民族。甘肃民族地区包括2个自治州和7个自治县，其中东乡县和积石山县隶属于临夏回族自治州。甘肃民族地区共有21个县（市），土地面积18.36万平方公里，占甘肃总面积的43%。甘肃民族地区年末常住人口324.55万人，占甘肃常住总人口的12.5%。过去的一年，甘肃民族地区与甘肃同样遇到

了前所未有的困难,经济增速降至近年来的最低点,甘肃民族地区坚决贯彻甘肃省委、省政府决策部署,克服困难,破解难题,甘肃省委、省政府相继出台了一系列政策措施,有力地推动了脱贫攻坚工作和民族地区经济社会发展。

(一)经济运行总体平稳

2017年,甘肃民族地区在甘肃经济大幅下滑的严峻形势下,保持了稳健的发展态势。甘肃民族地区预计完成社会消费品零售总额186.3亿元,预计完成公共财政预算支出466.7亿元,城镇居民人均可支配收入预计达到20754元,同比增长8.3%,农村居民人均可支配收入预计达到6598元,同比增长8.4%。甘南州2017年全州完成地区生产总值142.8亿元,完成固定资产投资213亿元,完成社会消费品零售总额48.9亿元,完成一般公共预算收入8.29亿元,城镇居民人均可支配收入达到23030元,同比增长8%,农牧村居民人均可支配收入达到6960元,同比增长8.5%,居民消费价格指数为101.2。临夏州预计全州完成生产总值235亿元,固定资产投资176亿元,社会消费品零售总额91.2亿元,一般公共预算收入16.9亿元,农民人均可支配收入6220元,同比增长9.5%,城镇居民人均可支配收入19430元,同比增长8.4%。肃南县预计全年完成生产总值20.2亿元,完成固定资产投资6.2亿元,社会消费品零售总额5.2亿元,全县大口径财政收入完成4.6亿元,一般公共预算收入完成2.3亿元,完成财政支出17.5亿元,城镇居民人均可支配收入达到24770元,同比增长8%,农牧村居民人均可支配收入达到15720元,同比增长9%,全面建成小康社会实现程度达到90.2%,居全市前列。天祝县预计全年地区生产总值达到40.24亿元,其中,第一产业增加值7.86亿元,第二产业增加值10.84亿元,第三产业增加值21.54亿元。

（二）项目建设稳步推进

甘肃民族地区坚持把抓项目、保固投作为稳增长的关键举措，加大项目建设力度，有力促进了经济平稳增长。甘南州全州共落实国家和省上各类建设项目 476 个，争取落实国家和省上资金累计达 47 亿元，位居甘肃第一。兰州至合作铁路提标增线后可行性研究报告已通过审查，西宁至成都铁路正在进行全线定测，夏河机场新开通重庆—夏河—天津往返航线，玛曲至久治二级公路累计完成投资 7 亿元，峰迭至代古寺二级公路累计完成投资 5.2 亿元，引洮（博）济合供水工程累计完成投资 4.3 亿元。落实保障性安居工程及配套基础设施建设补助资金 15.98 亿元，位居甘肃第一。临夏州全州共实施重点项目 533 项，完成投资 280.2 亿元，建成省道 230 线永靖新寺至三塬段、广河三甲集至蒿支沟道路改造等项目，基本建成引黄济临供水工程、州医院搬迁、康乐县鸣鹿水库、永靖县城北新区易地搬迁等项目，开工建设莲麓至大河家旅游扶贫大通道、康冶二级公路、唐达二级公路、临夏市医院搬迁、积石山县旧城区道路改造等项目。肃南县榆木庄至康乐三级公路、皇城至马营三级公路等工程进展顺利，隆畅河河道治理补充工程、摆浪河河道治理工程、梨园河肃南县城段河道治理工程及明花水厂二期工程全面完工。完成农网改造升级 20.5 公里 10 千伏线路和 7.5 公里 0.4 千伏线路改造任务。

（三）特色产业持续发展

一是现代农牧业持续发展。甘南州努力打造全国绿色农畜产品生产基地和"中国牦牛乳都"，重点发展牦牛、藏羊、奶牛繁育、育肥、特色养殖"五大畜牧业产业带"。预计各类牲畜年末存栏数达到 420.73 万头（只），完成肉产量 7.44 万吨、牛奶产量 7.76 万吨。发展特色种植业和设施农业，全力建设藏中药材、优质青稞、杂交油菜、经济林果、高原夏菜"五大种植业产业带",全州农作物春播面积达到 100.42 万亩,粮食总产量 8.68 万吨。全州有藏中药材种植面积 31.82 万亩,种子种苗繁育基地面积 0.68 万亩。创建国家级 2 个、省级 30 个畜禽养殖标准化示范场。临夏州粮改饲面积达到 9.9 万亩,种植旱作玉米 137 万亩,加工玉米秸秆饲料 143.9 万吨。牛存栏 29.7 万头,同比增长 5.3%,出栏 12.9 万头,同比增长 5.6%;羊存栏 153.9 万只,同比增长 6.2%,出栏 118.6 万只,同比增长 6.4%。全年新增中药材、油菜、百合、设施蔬菜 3.1 万亩,经济林果 13.4 万亩。二是文化旅游产业融合发展。甘南州全年落实旅游文化项目 22 个,中央预算内投资 3.36 亿元,冶力关大景区、拉卜楞大景区等 12 个新建项目全部开工建设。甘南民族风情园、甘南民族文化旅游创意产业园(安多小镇)等 6 个文化旅游招商引资项目累计完成投资 8.6 亿元。全年接待国内外游客 1100 万人次,实现旅游综合收入 50 亿元,同比分别增长 15% 和 20.2%。临夏州全面推进旅游基础设施建设和景区景点提升,八坊十三巷被评为甘肃新地标,大墩峡景区探索出民间投资推动旅游开发的新路子,游客达到百万人次;组织开展厦门万人游临夏、环青海湖自行车赛、大型音乐会等系列旅游文体活动,全州旅游接待人数 1600 万人次,同比增长 44%,旅游综合收入 71 亿元,同比增长 47.6%。天祝县成功举办第二届"野性祁连"国际越野跑、"美丽中国·和谐武威"全国少数民族赛马大会和华锐民俗文化艺术节。肃南县全年接待游客 526.5 万人(次),同比增长 23.9%,完成旅游收入 19.93 亿元,同比增长 28.8%。三是工业企业平稳发展。甘南州规模以上工业发展实现止跌回升,10 月份生产增速首次由负转正。全州规模以上服务业呈现"三增四降",消费品市场、商贸流通发展势头总体平稳。肃南县新洲公司尾矿库建成投入使用,酒钢镜铁山矿、西沟矿注册并纳入规上企业管理。天祝县奥喆 PE 管材、臣祥食用菌科技示范园等项目开工建设,乌鞘岭国际滑雪场二期、鼎盛风电等项目投入运营。四是新型产业快速发展。甘南州"互联网＋智慧甘南"建设启动实施。投资6000万元的合作、夏河、临潭电子商务示范县创建工作全面实施，大众创业、万众创新工作有效推进，大中专毕业生通过电子商务创业开设电商平台及公司20多家，就业人数达到1000多人。临夏州开展电商等高层次的技能培训，培训6000人，在面向厦门、南昌、深圳等地有组织输转上实现了突破，带动了州内电子商务、快递物流等新业态的发展，广河电商企业发展到110家、实现线上销售1.2亿元。

（四）生态文明建设加快进程

民族地区始终坚持绿色发展的新理念，着力实施生态功能区保护、生态防护林、水土流失治理等建设项目，生态文明建设取得了良好实效。临夏州完成退耕还林、生态林、封山育林29.1万亩，新建绿色通道788.5公里，新修梯田3.87万亩，土地整理9.7万亩。实施3个省列园区污水处理厂、临夏市污水处理厂二期扩建及一期提标改造、4个重点集镇污水处理厂建设项目。甘南州2017年总投资35.18亿元的300个生态文明小康村全面开工建设，生态文明小康村建设与贫困村脱贫攻坚和城乡环境综合整治高度融合，争取国家资金15.14亿元。总投资55.25亿元的《甘肃"两江一水"甘南区域综合治理规划实施方案》和总投资86.71亿元的《玛曲县沙化草原综合治理规划》编制完成。实施天然草原退牧还草工程，建设草原围栏80万亩、退化草原改良10万亩、黑土滩治理5万亩、毒害草原治理3万亩。落实投资12050万元，在玛曲、碌曲、夏河3县治理流动沙丘和重度沙化地1.6万亩、重度退化草原（黑土滩）43.4万亩，改造提升游牧民住房3705户。天祝县依法依规整改、整治祁连山自然保护区生态环境问题。关停、退出矿山企业14家、探矿权27宗，规范水电开发项目13个，拆除建（构）筑物12.61万平方米，覆土绿化193万平方米，117个问题完成整改、整治，整改率达到91.41%。

（五）民生保障水平不断提高

甘南州全年落实教育项目36个，落实中央预算内投资1.08亿元，中央财政资金1.2亿元。甘南州中等职业学校一期建设项目13个单体工程累计完成投资2.53亿元，基本完成建设任务。完成了州地方病防治研究院、州疾控中心及525个村级卫生室标准化建设；城乡居民养老保险、城镇职工基本养老保险、城镇职工基本医疗保险、失业保险、工伤保险覆盖率分别达到98%、96%、97%、96%、95%，全州城镇新增就业人数达到4637人。临夏州加大义务教育控辍保学力度，提高教育教学质量，招录各类教师1069名，培训教师8500人次。临夏现代职业学院办学规模达到5100人，其中高职生3233人。新农合实现跨省异地就医联网结报，招录医技人员94名，培训539人。城乡低保和农村特困供养补助标准分别提高8%、22.6%、8.4%，新增城镇就业2.5万人。张家川县全年新增城镇就业3030人，建成运行"五险合一"大数据平台，积极推进全民参保计划，全民参保登记率达到95%，城镇登记失业率达到2.96%。天祝县投资6979万元实施教育项目62项，新改建行政村幼儿园32所，实现有需求的行政村幼儿园全覆盖。义务教育巩固率达99.86%，高中阶段毛入学率达92.33%，高考录取率达88.72%。县藏医院被命名为"全国少数民族医药工作表现突出集体"。

二、脱贫攻坚力度不断加大

民族地区坚持把脱贫攻坚作为首要任务和最大民生工程来抓，以脱贫攻坚统揽甘肃经济社会发展大局，精心谋划工作载体和抓手，持续用力，合力攻坚，取得了阶段性成果。甘肃贫困人口由

2011年末的842万人下降到了2016年的227万人，贫困发生率由40.48%下降到了10.9%，贫困地区农民人均收入由3329元增加到了6487元。民族地区贫困人口由2011年的142.77万人减少到了2016年的38.64万人，贫困发生率下降到2016年的13.64%。临夏州2017年投入财政扶贫资金13.76亿元、同比增长41%，整合涉农资金16亿元，全年预计减少贫困人口7.63万人，通过动态调整增加3.74万人，2017年底全州剩余贫困人口26.05万人，贫困发生率14.82%。新建农村公路352公里，改造农村D级危房1.87万户，易地搬迁6181户2.98万人；行政村宽带覆盖率从67%提高到87%。加大帮扶项目资金投入，共落实帮扶资金1.3亿元。深化与厦门的东西部扶贫协作，落实对口帮扶资金1.88亿元。甘南州全年新建农牧村道路866公里，完成D级危房改造960户，D级危房全面消除；3503户易地扶贫搬迁工程进展良好，落实各级各方面援助资金2.21亿元，其中天津市区两级财政资金1.26亿元；全州整体列入国家"三区三州"深度贫困地区扶持范围，全年脱贫1.96万人。天祝县新改建农村公路432.8公里，完成49个贫困村饮水安全巩固提升工程，改造农村危房101户，完成实用技术培训2.4万人，培训建档立卡贫困劳动力3249人，全县预计减贫2250户8677人，18个贫困村脱贫摘帽，贫困发生率下降到7.73%。张家川县全年减少贫困人口1.54万人，贫困发生率由16.6%降至11.6%。

三、专项工作取得新突破

2017年，甘肃采取措施，进一步加大了各项专项工作力度，甘肃省民委与甘肃省发改委印发了《甘肃省"十三五"人口较少民族发展规划》《甘肃省"十三五"兴边富民行动规划》《甘肃省"十三五"少数民族特色村镇保护与发展规划》，有力地推动人口较少民族、兴边富民行动和特色村镇发展。甘肃省财政、发改、民委等6部门印发了《甘肃省财政专项扶贫资金使用管理实施办法》（甘财农二〔2017〕41号），进一步加强了扶贫专项资金管理。

（一）加强少数民族发展资金管理使用

甘肃省民委管理的少数民族发展资金由两部分组成，一是中央下达的少数民族发展资金，二是省级少数民族发展资金补助资金每年1000万元，均为扶贫资金。在资金管理中，甘肃省民委严格按照国家和省上资金管理办法的要求，以"管任务不管项目，管总量不管结构，管监督不管实施"的原则，做好资金的使用管理工作。按照因素分配、统筹兼顾、切块到县、省级指导的办法，切实抓好资金的管理和使用。一是明确资金使用重点。少数民族发展资金主要用于兴边富民行动、扶持人口较少民族发展、少数民族特色村寨保护与发展、少数民族传统手工艺保护与发展劳务技能特色培训"出彩工程"、甘肃散居地区贫困少数民族聚居村发展等工程。重点用于21个民族县及散杂居地区的少数民族聚居村的脱贫攻坚和经济社会的发展。二是严格执行资金分配办法。甘肃少数民族发展资金采用"因素分配、切块下达"的方式进行分配，资金按因素法直接切块下达到各市（州）、县（市、区），项目审批权限全部下放到县（市、区）。由各级民族、财政部门在市（州）、县（市、区）人民政府统一领导下，按照国家和省上扶贫专项资金管理办法，各县（市、区）自主确定和组织实施项目，年底向甘肃省民委和甘肃省财政厅进行备案。三是积极做好资金拨付工作。按照资金管理要求，凡属财政直管县的项目资金，直接下达到县级财政，确保资金足额到位。民族专项资金项目计划下达后，由县（市、区）民族工作部门衔接财政部门，按照相关规定及时组织实施项目，围绕推进民族方面的规划及有关民族经济工作重点任务，搞好与脱贫攻坚规划和年度计划的衔接，确保民族工作重点任务和脱贫攻坚两促进。

四是加强资金监管。甘肃少数民族发展资金项目审批权限全部下放到县（市、区），按照分级负责制加强自检监管。省级负责资金分配方案制定、年度实施计划指导、项目备案、工作考核、专项检查；市级负责日常监管、工作考核、专项检查；县级负责项目资金的具体实施和项目资金的规范有效使用；乡镇负责项目资金具体监管，实行监管工作联络员制度，负责建立监管台账和报送信息；项目村建立村民监督员制度，对本村项目建设和资金使用进行监督。

（二）扎实推进兴边富民行动

酒泉市肃北蒙古族自治县是甘肃唯一的边境县，也是国家确实的"兴边富民行动"重点县。"十二五"期间，国家共下达"兴边富民行动"专项资金5320万元，其中70%用于基础设施建设，推动公路建设实现重大突破。边境一线道路条件得到有效改善。实施牧区小型水利设施建设、党城湾灌区节水改造等水利工程，西滩调蓄水库投入使用，多项人畜饮水工程的实施，有效解决了人畜饮水及人工草场灌溉问题。通过实施禁牧休牧、生态移民、牧民定居点建设，牧民定居率达75%。牧农村电网和通信条件进一步改善，实现移动通信信号乡镇驻地全覆盖，通信4G网络实现县城、乡镇全覆盖。"兴边富民行动"专项资金的投入和项目的实施，极大地改善了肃北县边境地区基础设施条件，产生了巨大的社会效益、经济效益及生态效益。2017年，肃北县地区生产总值达到14.8亿元；固定资产投资达到31亿元；社会消费品零售总额达到2.22亿元，同比增长7.8%；城镇居民人均可支配收入达到33840元，同比增长7%；农牧民人均可支配收入达到23000元，同比增长7.5%。各项指标年均增长幅度高于全市平均水平，经济发展指标多年居甘肃民族县前列，为全面建成小康社会奠定了坚实的基础。

（三）加快人口较少民族发展

甘肃人口较少民族主要涉及5个市州、7个县（区）、299个村。人口较少民族发展政策实施以来，人口较少民族地区充分发挥中央和省级资金的作用，相继实施了一批农村道路、水利、电力等项目，基础设施逐步完善，取得了显著成效。社会事业和民生保障设施进一步完善，群众生产生活条件得到有效改善，有力推动了甘肃人口较少民族地区经济社会快速发展。2017年，肃南县全年完成生产总值20.2亿元，同比下降21.5%；完成固定资产投资6.2亿元，同比下降80.3%；社会消费品零售总额5.2亿元，同比增长10%；全县大口径财政收入完成4.6亿元，同比增长10.3%；一般公共预算收入完成2.3亿元，同比增长0.1%；完成财政支出17.5亿元，同比增长37.8%；城镇居民人均可支配收入达到24770元，同比增长8%；农牧村居民人均可支配收入达到15720元，同比增长9%；全面建成小康社会实现程度达到90.2%，居张掖市前列。积石山县预计全年完成生产总值15.82亿元，同比增长4.5%；固定资产投资13.02亿元，同比下降49.63%；社会消费品零售总额5.92亿元，同比增长10%；大口径财政收入2.16亿元，同比增长4.29%；一般公共预算收入1.5亿元，同比增长6.5%；农村居民人均可支配收入5320元，同比增长11%；城镇居民人均可支配收入19206元，同比增长8.5%。

（四）推进少数民族特色村镇保护与发展

甘肃重点从保护特色民居、传承民族文化、培育特色产业、改善群众生产生活条件和推进民族团结进步创建"五位一体"入手，加强对少数民族特色村镇的保护与发展。2016年用于特色村镇建设资金达1637万元，实施19个项目；2017年下达的少数民族发展资金要求各市州（县）向特色村镇建设倾斜。各地大力推进村镇道路、饮水、供电、通信和污水、垃圾集中处理等设施建设，集中绿化、美化、亮化街道，整治镇容村貌，提升村镇基础设施建设水平。加大对特色民居的保护、修缮和改造，突出体现民族特色、地方特点的标志性公共建筑建设和保护，大力发展少数民族特色村镇特色旅游，对自然风光优美、民族风情浓郁、建筑风格独特的村镇，利用少数民族节庆等民族文化活动，充分展示少数民族文化，培育、开发少数民族特色餐饮，初步形成了"农家乐""牧家乐""藏家乐"、民族文化体验等多种特色旅游模式。肃南县裕固族以其特色图腾打造民族村旅游文化新亮点；甘南州迭部县茨日那村旅游已经打造成甘肃藏区红色旅游和民俗文化旅游特色品牌之一。迭部县旺藏乡茨日那村、肃北蒙古族自治县党城湾镇马场村等17个村寨先后被国家民委命名为中国少数民族特色村寨。

四、存在的主要问题

2017年，甘肃民族地区顶住经济下行压力，努力推进经济社会发展，取得了一定成绩。但在回顾成绩的同时，更应该清醒地认识到，经济下行压力未减，经济环境复杂多变，加之民族地区自身发展基础弱、起步晚，民族地区经济社会发展仍然还存在一些不容忽视的矛盾和问题：一是经济总量依然较小。甘肃民族地区多属高原地区，自然环境差、条件艰苦等问题十分突出，民族地区与其他地区相比，经济总量小，结构性矛盾突出，产业对经济的拉动力仍显不足。二是脱贫攻坚任务异常艰巨。目前，甘肃民族地区尚有贫困人口约38.64万人，贫困发生率为13.64%，高于甘肃平均水平，贫困人口多、分布广、贫困程度深。偏远山区上学难、控辍保学难和基层卫技人员缺、医疗服务水平低的问题依然存在，义务教育、安全饮水、产业增收方面的短板突出，贫困群众自我发展内生动力不足。特别是临夏州东乡县，是甘肃深度贫困县中的重点，也是最难啃的硬骨头，脱贫攻坚和稳定脱贫任务十分艰巨。三是实体经济经营困难。受经济下行压力影响，实体经济经营十分困难。特别是由于营改增改革、实体经济减收、非税收入减少、新增税源匮乏等原因，使民族地区地方公共财政预算收入大幅下滑，企业生产经营难度增大。四是生态保护任务不断加重。甘肃民族地区多属于生态功能区、限制开发区等生态区域，生态保护任务十分繁重。草原退化、超载过牧、草畜矛盾、旅游开发、大规模采矿等与生态保护存在矛盾的问题十分突出。

五、意见建议

加快民族地区经济社会发展和脱贫攻坚，关乎民族地区如期实现全面小康，必须下大力气，多方动员、多方施策、精准发力，在政策、项目、资金等诸多方面给予民族地区更多的倾斜支持。

（一）继续落实好各项支持政策

国家为支持民族地区发展相继出台了《支持藏区经济社会发展若干意见》《支持甘肃省临夏回族自治州加快建设小康社会进程的若干意见》《关于支持深度贫困地区脱贫攻坚的实施意见》等政策，要加大协调衔接力度，推动支持民族地区的各项政策落实，特别是深度贫困地区"三区三州"政策落实，协调国家相关部委落实相关政策和项目，加快民族地区脱贫攻坚和经济发展步伐。

（二）进一步加大资金投入力度

甘肃民族地区自我"造血"功能不足、贫困群众多、贫困面大，应继续加大对民族地区扶持力度，加大甘肃少数民族发展资金投入规模，使更多的扶持资金和项目用于扶持人口较少民族、兴边富民、特色村寨建设、脱贫攻坚等领域，不断夯实民族地区发展基础，有力助推甘肃民族地区加快发展。

（三）积极采取特殊支持措施

由于甘肃东乡县等地区贫困程度特别深，贫困人口众多，自然条件十分恶劣，希望在安排项目资金上对特困民族地区进行差异化补助，给予更大的资金和政策倾斜，特别是加大危房改造力度，不断缩小贫困地区的发展差距，切实加快特困县脱贫攻坚步伐。

青海省 2017 年经济运行情况及 2018 年经济发展趋势分析

一、2017 年青海省经济社会发展情况

2017 年，国内外环境错综复杂，经济下行压力不减，不可预见因素增多。在青海省委的坚强领导下，各地区、各部门深入学习贯彻党的十九大精神和习近平新时代中国特色社会主义思想，全力落实青海省第十三次党代会部署，以"四个转变"推动落实"四个扎扎实实"重大要求，牢牢把握稳中求进工作总基调，以推进供给侧结构性改革为主线，先后开展"百日攻坚"等系列专项行动，统筹稳增长、促改革、调结构、惠民生、保生态、防风险，青海经济"稳"的基调延续，"进"的方向明确，"转"的趋势增强，呈现出六个方面的显著特征。

（一）经济平稳增长，各项目标任务全面完成

经济运行呈现大局稳定、效益回升的良好态势，全年完成地区生产总值 2642.8 亿元，同比增长 7.3%。农牧业丰产丰收，第一产业同比增长 4.9%；工业基本面平稳，规模以上工业同比增长 7%；服务业同比增长 7.9%，贡献率达 45.1%。地方财政收入 246.1 亿元，同口径增长 9.3%，总财力达到 1650.8 亿元。全体居民收入增

速快于经济增速,同比增长9.8%。财政金融支撑作用明显,公共财政支出1530.3亿元,金融机构各项贷款余额突破6000亿元,社会融资规模同比增长1.6倍。价格走势稳中趋缓,CPI同比上涨1.5%,为12年来最低。

(二)绿色发展提速,生态文明建设迈上新台阶

坚持"绿水青山就是金山银山"指导思想,青海上下贯彻绿色发展理念,推进生态文明建设的自觉性、主动性显著增强。生态文明制度加快完善,三江源国家公园体制试点进展顺利,祁连山国家公园体制试点方案获批,5622名五级河长正式履职,可可西里申遗成功。生态工程稳步实施,三江源二期工程完成投资9亿元,祁连山山水林田湖草修复启动,新一轮国土绿化快速推进,造林面积突破400万亩。环境质量持续改善,青海空气质量优良天数比例达92.4%,湟水河出省断面Ⅳ类水质达标率达到100%,单位GDP能耗同比下降4.71%。打好环保督察攻坚战,中央环保督察期间交办的2299件事项全部办结,在"阵痛"中倒逼调整结构、转型发展。

(三)民生福祉提升,群众获得感明显增强

坚持以人民为中心的发展思想,不断补齐短板,民生"十件实事"顺利完成,向青海人民的承诺全部兑现。惠民生投资达到1857.8亿元,同比增长16.7%。精准扶贫成效显著,7个贫困县、525个贫困村、15.8万贫困人口脱贫摘帽。就业大局稳定,城镇新增就业6.1万人,城镇登记失业率3.1%,农牧区富余劳动力转移就业108万人次。社会保障持续扩面,完成13项民生指标调标,多项标准居全国或西部前列。实施五大公共服务工程264项,一批教育、卫生、文化、体育项目建成投入使用。70%以上县实现义务教育基本均衡,高中毛入学率达83.5%。全面实现异地就医无障碍直接结算。文化进村入户工程实现行政村全覆盖,广播电视综合人

口覆盖率达到98.4%。完成棚户区改造7.2万户，完成农牧区危旧房改造6万户，城乡居民住房条件明显改善。

（四）供给结构优化，新兴产业快速成长

坚持把青海放在全国大局中去谋划，积极对接国家战略，巩固扩大比较优势，培育壮大新技术、新产业、新业态、新模式。"三去一降一补"成效明显，完成132万吨煤炭去产能任务，分流安置企业职工3046人，商品房去化周期降至13.3个月，盐湖股份、西部矿业债转股积极推进，企业成本累计降低70亿元。工业结构优化升级，高技术产业、装备制造业产值同比分别增长21%和16%，晶硅、光纤、锂电池等新产品产量大幅增加。新能源装机容量接近1000万千瓦时，发电量占比达到20%，在全国首次实现连续168个小时全清洁能源供电。服务业投资占比超过六成，金融、物流、健康养老等行业稳步增长，电商经济、分享经济快速发展。农牧业供给侧结构性改革成效显现，高原、绿色、有机品牌带动效应明显，农畜产品加工转化率达54.2%，专业合作社发展到961家，生态生产生活良性循环的局面加快形成。

（五）动能加快转换，投资消费协同拉动

着力转变发展方式，推进增长动能的结构性变革，青海经济增长实现了从主要依靠工业带动转为工业和服务业共同带动，从主要依靠投资拉动转为投资和消费一起拉动。投资在改善基础条件、改善民生和调整结构中的关键作用充分发挥，全年投资同比增长10.3%，180个重点项目完成投资1953亿元，交通、水利、能源、信息等一大批基础设施项目建成投运。西宁至所有市州通高速公路，所有县城通二级以上公路，高等级公路里程达3900千米，公路总里程突破8万千米。39个县饮水安全巩固提升工程全面实施。青海电网750千伏骨干网架初步形成。数字、宽带青海加快建设。

消费业态多样、物资供应丰富，零售总额同比增长 9.3%。建成电商交易平台 10 个，电商交易额同比增长 30.8%。外贸结构不断优化，自营商品进出口额同比增长 45.1%，盐化产品首次出口欧洲。

(六) 发展活力增强，改革开放取得新进展

进一步增强改革的系统性、整体性、协同性，经济发展更具活力和韧性。取消、调整 44 项行政审批事项，同步实行企业"三十六证合一"和个体户"五证合一"，市场主体同比增长 13%。"3+10"国企改革试点全部落实到 18 户省属企业。制定深化投融资体制改革实施意见，出台企业投资项目核备办法，投资项目审批监管平台上线运行。加快农牧区土地制度、供销合作社、国有林场改革，扶持、壮大农村集体经济。完成省属国有企事业单位车改，启动藏区六州车改。积极融入"一带一路"建设，融入长江经济带、东西部扶贫协作等国家战略，成功举办"青洽会""环湖赛"、文化旅游节等赛事展会，与央企签订 1925 亿元合作项目，招商引资到位资金 756.7 亿元，落实支援帮扶资金 16 亿元。

成绩来之不易，经验弥足珍贵。这些成绩的取得是以习近平同志为核心的党中央坚强领导的结果，是习近平新时代中国特色社会主义思想在青海的成功实践，是党中央国务院重大方针政策和重大举措效应的释放，也是青海省委、省政府团结带领青海各族人民奋发进取、扎实工作的回报。特别是青海上下以党的十九大精神举旗定向，以"四个转变"推动"四个扎扎实实"重大要求落地生根，在事关青海长远发展的重大问题上勇于探索、敢于实践，采取了一系列远近结合、标本兼治、行之有效的办法，牢牢把握了主动权。以"四大专项攻坚行动"为抓手，点面结合、问题导向，定期分析经济形势，召开经济工作电视电话会、重点工作推进会和支援帮扶、科技、非公经济、脱贫、藏区发展等专题会，抓重点、补短

板、强弱项。积极开展安全、环保、扶贫等重点领域大督查,省级领导包片督导整改,形成层层抓落实的浓厚氛围。实行"710"工作法,建台账、强督查、抓整改,健全逐级抓落实、环环促进度、逐项见成效的工作机制。各地区、各部门强化政治担当和责任意识,创新发展思路,改进工作方法,握指成拳,合力攻坚,做了大量艰苦细致的工作,推动2017年青海各项工作实现了新突破。

二、2018年经济发展趋势分析

当前,青海发展面临不少有利因素,从政策层面看,党的十九大和中央经济工作会议对今后一个时期,特别是2018年经济工作进行了全面部署,尤其对实施区域协调发展战略做出新安排。主要有乡村振兴战略规划、推进西部大开发形成新格局、建立长江流域横向生态补偿机制、加快绿色产业发展意见、完善绿色发展价格政策、促进清洁能源消纳、开展生态产品价值实现机制试点等。这些重大政策举措,均有利于青海更好地对接国家战略,发挥好生态价值优势,争取各方支持,实现高质量发展。从宏观层面看,当前世界经济短期企稳向好,中期挑战较多。我国经济运行总体平稳,稳中有进,基本实现回稳向好,主要指标保持在合理区间,2017年经济增速为6.9%,稳定性、协调性和可持续性有望进一步增强。全国生产资料市场需求稳增,供给侧结构性改革的效应越来越明显,青海经济增长有较好的宏观环境支撑。从微观层面看,青海传统产业经过连续的升级改造,竞争能力不断增强,市场预期阶段性回升,先行指标逐步趋好,行业信心有所提振。省内转型发展趋势向好,以新能源、新材料为代表的新兴产业加快成长,为后续有质量、有效益的增长奠定了良好基础。

在看到有利条件的同时,也要安不忘危,稳不忘忧,清醒认识到当前青海发展新老问题交织、困难挑战较多。一是投资由高速增长转向平稳发展。全国投资已由速度规模增长向质量效益提高转型，青海投资既受大势影响，更面临转型艰辛。与投资紧密关联的资源、资金、土地、环境、税费等大多在做"减"法，基础设施投资、融资困难，民间投资信心、动力不足，再加上新项目深度不够、质量不高，投资预期和增长乏力之间矛盾凸显。二是工业发展仍然承压。传统产业连续多年下行，多数企业"透支"严重，尚未恢复正常盈利区间，伴随着原辅材料价格跟涨，积蓄力量、转型发展依然步履艰难，2018年，产业项目、新企业支撑仍然不足，缺乏新增长点，工业发展面临短稳长忧问题。三是财政收支矛盾突出。受经济增速放缓、营改增等减税降费政策影响，2018年，财政增收难度仍然很大，同时，保运转、保民生以及省对下刚性支出增加，脱贫攻坚、生态保护等方面需要大量投入，债务还本付息压力也持续加大，支出任务艰巨。四是潜在风险不容忽视。在防控金融风险的大环境下，信贷供需对接不畅，资金价格高企，债券市场利率上涨、发行成本高，企业贷款难与银行投放难并存。一些大型企业债务风险攀高，生产经营风险较大。银行不良贷款率高于全国，政策性担保机构代偿能力不足。一些地方政府负债率接近或超过警戒线。

在综合研判的基础上，青海省委十三届三次全会研究确定的2018年青海经济社会发展主要预期目标是：地区生产总值增长7%左右，全体居民人均可支配收入增长9%，城镇新增就业6万人，农牧区劳动力转移就业105万人次，城镇登记失业率控制在3.5%以内，居民消费价格涨幅控制在3%以内，主要城市空气质量优良天数比例达到78%以上，湟水河出省断面Ⅳ类水质稳定向好。

三、工作建议

(一) 推进区域发展中要创新思路，提出更有针对性的举措

国家于 2000 年启动实施西部大开发战略，通过近 20 年的不懈努力，政策效应巨大，发展成果巨大。新时期，中央十分重视这一重大战略的深入推进，习近平总书记指出："要强化举措继续推进西部大开发，加强生态环境保护修复，积极推动绿色发展。"李克强总理提出："制定推进西部大开发形成新格局的指导意见，加大支持力度"，我们十分振奋和充满期待。建议按照习近平总书记提出的实现基本公共服务均等化、基础设施通达程度比较均衡、人民生活水平大体相当的总要求，根据主体功能区定位，按照政策精准化、措施精细化、协调机制化的要求，提出切实可行的、差别化的政策，以更好实现区域协调发展战略。

(二) 进一步统筹好清洁能源的规划和持续发展

习总书记在中央经济工作会议上明确指出："目前，发电能力过剩，一方面大量弃水、弃风、弃光，清洁能源放空，另一方面高排放的煤电却昼夜运转，这种行为必须纠正。明年要暂停一部分污染重的煤电机组，增加清洁电力供应，用发电权交易办法进行补偿。"为认真贯彻落实总书记指示，建议在过去工作基础上，集中研究新时期新能源发展的总体思路、规划布局、电网建设、技术进步、市场交易等重大问题和保障措施，加快推进能源革命。

(三) 将青海纳入长江经济带发展战略

青海是长江的源头，在生态保护和建设方面具有重大而不可替

代的作用。当前和今后一个时期，国家明确提出："推进长江经济带发展要以生态优先、绿色发展为引领，在整治长江生态环境、保护长江岸线、建设黄金水道、推动沿江三大城市群错位发展等方面取得进展。"建议将青海纳入国家长江经济带发展战略之中，实施水资源补偿政策，支持开展水权交易试点，按流域发行生态建设彩票，开展系统生态科研，探索征收流域生态补偿资金，建立稳定、长效的生态保护建设投入机制，保障"中华水塔"坚固而又丰沛，确保一江清水向东流。

宁夏回族自治区 2017 年经济运行情况及 2018 年经济发展趋势分析

一、2017 年主要经济指标完成情况

2017 年以来,宁夏认真贯彻党的十九大和宁夏十二次党代会精神,围绕"三大战略""五个扎实推进"等重点任务,以深化供给侧结构性改革为主线,扎实做好稳运行、促转型、增后劲等重点工作,宁夏工业经济保持了健康平稳的运行态势,各项工作达到了预期效果。2017 年,宁夏规模以上工业增加值同比增长 8.6%,增速位居全国第七位、西北第一位,是 2014 年以来的最好水平;完成工业技改投资 433 亿元,同比增长 15%,占全部工业投资比重达到 31.9%;规模以上工业企业利润实现 22% 的高增长;民间投资同比增长 6%,占宁夏投资比重比上年同期提高 1 个百分点;扣除宁东煤化工项目影响后,宁夏单位 GDP 能耗同比下降 1.8%;两化融合指数较上年提高 5 个百分点。

二、2017年主要工作完成情况及成效

(一) 运行质量不断提高

一是压实责任。会同发改、统计、税务、电力、金融机构强化运行监测、分析,狠抓要素保障协调,紧盯重点地区和企业实施精准包抓。60户工业龙头企业产值同比增长21%。神华宁煤、银川隆基硅等40户企业产值实现了两位数增长。二是落实政策。牵头制定和落实"降成本30条",全年降低实体经济企业成本85亿元。整合设立了15亿元融资专项资金,其中10亿元风险保证金撬动贷款100亿元以上。落实差别化电价电量370亿千瓦时,完成直接交易电量280亿千瓦时,直接交易比重居全国第二位,共计降低用电成本11亿元。三是聚焦项目。开展"抓项目、促投资、稳增长"专项行动,宁夏303个当年新建成投产项目和上年建成当年达产的项目新增产值332亿元。牵头编制《重点产业发展优势及产业合作图册》,组织召开两次宁苏产业合作推进会,签订合作项目8个,总投资150亿元。

(二) 转型升级步伐更加坚实

一是切实提升传统产业。落实传统产业提升工程,3亿元技术改造贴息资金集中支持100个重点技术改造项目。宝胜15万吨高端电线电缆(一期)、越华6万吨差别化氨纶(一期)等一批延链、增链、补链项目相继建成投产。二是大力推动绿色发展。落实宁夏"生态立区28条",组织实施了44个节能改造重点项目,3家园区和4家企业被评为国家绿色示范园区和工厂,3个项目列入国家绿色制造系统集成项目。淘汰落后产能93.1万吨,超额完成自治区下达的任务。三是着力提高园区集聚力。园区规模和产业集

聚优势逐步显现，入园规模以上工业企业达到 885 户，占宁夏规模以上工业企业的 71%，实现总产值占比由 2010 年的 50% 提高到目前的 77%。两年累计实施 22 个低成本化改造项目，3 亿元的政府专项资金撬动地方及社会投资 29.3 亿元，撬动比例达到 1∶10，园区企业综合成本同比下降 15%。

（三）创新能力逐步增强

一是抓新兴产业，培育新经济。落实新兴产业提速工程，重点推动中利科技特种线缆、菲斯克汽车轮毂轴承等新兴产业项目建成投产。银川大数据中心（一期）建设进展顺利，西云数据已取得云计算业务牌照。完成 14 个行业的 406 户企业对标工作，培育自治区级企业技术中心 5 家。二是抓融合发展形成新动能。10 个互联网融合创新发展项目建设进展顺利，18 家企业列入国家"两化融合贯标"试点。吴忠仪表服务型制造等 3 个项目列入国家"双创"平台试点。抓住国家和自治区军民融合发展机遇，推进航天航空、航海大数据等军民融合平台建设，中国航天科技、中国电科等 7 家军工央企落地宁夏。

（四）非公经济活力有效激发

一是完善机制。落实自治区民营经济推进会精神，聚焦"三难"问题，采取财保贷、保证保险、小微企业风险补偿等多种融资模式，累计为小微企业助贷 10 亿元。天元锰业和宝塔集团进入中国企业 500 强。二是培育载体。新培育认定 171 户"专精特新"中小企业，当年有 35 家企业成长为高新技术企业，占年度认定总数的 77.8%。培育小微企业"双创"示范基地 35 个，其中国家级示范基地 11 个。三是强化服务。"168"中小企业公共服务平台网络，聚集服务机构 594 家，发布服务产品 4745 款，服务企业 8837 户次。组织"下园区、进企业、送服务"活动 148 场，培训企业经营管理人才和领军人才5344人。

三、存在的主要问题及建议

(一) 存在的主要问题

当前宁夏工业发展面临的困难和问题：一是要素保障困难加剧。随着煤制油全线投产、外送电力度加大，2018年煤炭缺口预计3500万吨左右。神华宁煤带动宁夏煤炭价格刚性上涨，发电成本提高，企业用电成本上升。宁夏天然气供应量每天仅为1000万立方米，出现大面积用气紧张。二是工业增长后劲乏力。受国际、国内经济形势、企业投资信心不足等因素影响，2017年，宁夏工业投资同比下降9.4%，增速较2016年降低8.9个百分点。2018年工业投资形势也不容乐观。经初步测算，1亿元以上的工业项目总投资同比下降12%。三是园区集聚能力明显不足。开发利用效率不高，园区土地开发利用面积仅为规划面积的21.5%，投资强度最大的银川高新区分别为全国和西部地区的44%和52%。主导产业不明确，产业布局同质化，且劳动密集型、简单加工、低端产业等类企业占60%以上。个别园区供水、供气、用电、"三废"处理等低成本化改造任务重，招商引资的洼地效应还没有形成。四是结构调整步伐亟待加快。战略性新兴产业占规模以上工业的比重不足16%，远低于全国平均水平。煤、电、原材料等传统产业占比75%以上，六大高耗能行业占比达到56%。宁夏万元GDP能耗是全国平均水平的3倍，若不扣除宁东，"十三五"期间宁夏单位GDP不降反而上升12%。五是信息化水平较低。部分传统产业信息化基础薄弱，自治区两化融合发展水平低于全国5个百分点，网络化协同企业比例仅为全国平均水平的一半。

(二) 建 议

加大对西部地区产业梯度转移引导和支持力度。当前，随着供给侧结构性改革的进一步推进，东部沿海发达地区发展面临诸多问题，资源、环境约束矛盾日益突出，土地、劳动力、能源等生产要素供给趋紧，企业生产成本居高不下，产业升级压力增大，急需"腾笼换鸟"，转移不再适合当地发展的产业，进行产业结构调整和升级。西部地区在资源、用工、用地、用电等基本生产要素方面具有综合成本低的比较优势，能够满足东部地区劳动密集型产业和加工贸易型产业发展的需求。西部地区化工、冶金、有色等传统产业面临改造升级的迫切需求，新能源、新材料、光伏制造等新兴产业发展上有一定的优势，具有吸引承接东部产业转移的良好条件。合理、有序引导产业梯度转移，对优化产业布局、提升产业层次、实现东西部地区可持续发展意义重大。

进一步完善能源统计核算方法。一是将作为原料的煤炭消耗不计入能耗统计范围。西部地区有着丰富的自然资源，尤其是依赖煤炭资源发展的原材料为主的重工业成为西部地区经济发展的主要支柱。西部地区是国家重要的原材料产业基地。宁夏是典型的以煤炭为原料的倚重、倚能的产业结构，原材料产业在全国占有重要地位，宁夏建设了一批以煤炭为原料的煤化工、合成氨等项目。根据现行统计制度，只有用作能源加工转换产出能源产品，才能在能源消费计算中予以核减，以能源作为原材料生产非能源产品不予以核减。建议在核算能源消费量时将作为原材料的能源消费予以核减。二是在节能考核能耗总量中扣除新能源发电量。新能源是人类社会未来能源的基石，是化石能源的替代能源，是与人类赖以生存的地球生态环境相协调的清洁能源。国家一直在大力发展新能源产业。宁夏作为国家确定的首个新能源综合示范区，大力发展新能源产业，风电、光电等新能源产业取得了蓬勃发展。国家《"十三五"

节能减排综合工作方案》中提到"对超出规划部分可再生能源消费量，不纳入能耗总量和强度目标考核"。但是风电、光电和生物质发电等不需要消耗化石能源，国家应该鼓励地方发展新能源。因此，建议国家在将超出规划部分可再生能源消费量不纳入节能考核的基础上，将新能源整体的发电量予以扣除。

四、2018年经济预期及主要工作

2018年，宁夏工业经济主要预期目标为：规模以上工业增加值增长8%左右，经济效益进一步好转；工业投资完成1357亿元，增长力争由负转正，技术改造投资完成498亿元，同比增长15%；扣除宁东煤化工项目能耗，宁夏单位GDP能耗下降3%，能源消费增量控制在300万吨以内；研发及实验经费投入占工业增加值的比重达到2.7%；两化融合发展水平指数再提高5个点。围绕实现工业经济高质量发展，下一步将从以下几个方面取得突破。

（一）在运行调控上求突破，打赢稳定增长攻坚战

坚持稳中求进总基调，把稳增长作为实现高质量发展的前提。一是加强政策支持。深入抓好"降成本30条"等政策落实，再制定出台一批"定向、定期、精准、有力"的降成本专项政策，2018年力争降低实体经济企业成本90亿元。二是加强要素保障。协调建立宁夏陆上煤炭交易中心，解决好3500万吨煤炭缺口问题，继续深化电力市场改革，2018年直接交易电量占比达到50%以上。三是加强大企业培育。研究制定《工业龙头企业加快发展办法》，实施宁夏工业大企业梯度培育计划，力争五年内过百亿元的企业比现在翻一番。

（二）在集聚发展上求突破，打赢园区建设攻坚战

坚持质量第一、效益优先，把工业园区作为实现高质量发展主战场。一是加快推进园区整合。2018年将宁夏32个工业园区整合为21个。同时，综合运用土地、用水、用电等差别化政策，引导园区集中精力发展主导产业。二是持续推进低成本化改造。集中支持20个示范效应好、撬动作用大、综合成本下降明显的改造项目。2018年实现重点园区公共服务设施全覆盖。三是充分发挥考核指挥棒作用。优化园区考核方案，加大奖惩力度，促进园区发展提质增效。

（三）在产业结构调整上求突破，打赢转型升级攻坚战

坚持新发展理念，把推动结构调整、转型升级作为高质量发展的关键。一是力促新兴产业提速增效。培育壮大新材料、新能源、新一代信息技术等重点产业，培育一批国家和自治区级制造业单项冠军。力促规模以上工业研发及实验经费投入占工业增加值的比重达到2.7%。二是力促传统产业延链补链。运用综合奖补、技改贴息、贷款担保等政策，支持企业延链补链项目建设，力促传统产业"老树发新芽"。三是力促非公经济焕发活力。聚焦破解准入、融资、降本"三难"问题，实施中小企业和非公经济创新发展提升计划，年内培育认定"专精特新"中小企业100户、小微企业"双创"示范基地10家。四是力促高耗能产业有序发展。强化节能减排刚性约束，将节能降耗与电力直接交易、差别化电价、享受政策资金扶持挂钩，倒逼单位产品能耗高、产业链条短的企业逐步退出市场。

（四）在增长后劲上求突破，打赢项目建设攻坚战

坚持投量、投向、投效并重，把推进项目建设作为实现高质量

发展的支撑。一是形成合力抓项目。把"三个100"重点工业项目按地区分解到五市、宁东及各园区,明确目标责任,建立项目建设进度和问题台账,共同推进项目建设。二是完善机制抓项目。制定出台《工业企业技术改造投资指导目录》,完善承接产业转移平台机制,围绕现有产业,以延链、增链、补链为目标,确立招商重点,实施点对点精准招商。三是加大支持抓项目。用好技术改造综合奖补、贷款贴息、工业担保等资金,向"三个100"重点项目倾斜,带动地方和企业抓项目的积极性。

(五)在新旧动能转换上求突破,打赢融合发展攻坚战

坚持发展新产业、培育新动能,把融合发展作为实现高质量发展的引领。一是推动两化融合。制定出台《自治区两化融合试点示范项目管理办法》,推进国家级试点示范项目建设,支持一批制造业"双创"示范平台。开展自治区智能工厂和数字化车间培育工作。二是推动互联网与制造业融合。启动工业互联网创新发展工程,制定出台《自治区企业上云行动计划》,推动宁夏区内外云平台、云服务企业与宁夏区内企业开展深度合作。三是推动军民深度融合。提请出台《加快推进国防科技工业军民融合产业发展的实施意见》,支持中卫市创建国家级军民融合产业创新示范区,闯出一条军民融合发展的新路子。

新疆维吾尔自治区 2017 年经济运行情况及 2018 年经济发展趋势分析

一、2017 年新疆国民经济和社会发展计划执行情况

2017 年，在以习近平同志为核心的党中央亲切关怀下，在国家各部委和 19 个援疆省市的大力支持下，在自治区党委、人民政府的坚强领导下，新疆上下认真贯彻党的十九大和中央经济工作会议、全国"两会"精神，全面落实自治区第九次党代会、自治区党委经济工作会议、自治区十二届人大五次会议部署，紧紧围绕社会稳定和长治久安总目标，坚持稳中求进工作总基调，深入推进供给侧结构性改革，以新发展理念引领经济发展新常态，不断提高发展质量和效益，全力做好保稳定、稳增长、促改革、调结构、惠民生、防风险各项工作，新疆经济社会持续健康发展。

（一）国民经济运行良好，速度与质量同步提升

地区生产总值达 10920 亿元，同比增长 7.6%，高于预定目标任务 0.6 个百分点。

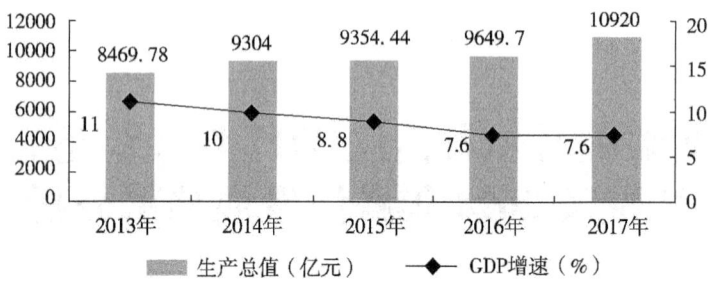

图 1 新疆地区生产总值（GDP）及增速

质量效益同步提升。财政收入较快增长，一般公共预算收入 1465.5 亿元，同比增长 12.8%；铁路货运量大幅增长，铁路货运量 9737 万吨，同比增长 41.1%；发电量保持较快增长，发电量 3011 亿千瓦时，同比增长 10.7%；金融支撑作用增强，全年金融机构本外币各项存款余额 21753.1 亿元、同比增长 12.7%，贷款余额 17477.6 亿元、同比增长 15%。

重点领域风险总体可控。严格政府债务管理，进一步规范融资平台、产业投资基金、政府与社会资本合作（PPP）等，地方政府债务规模保持在合理水平。信贷结构不断调整优化，表外理财、同业等领域监管全面加强，非法集资、地下钱庄、地下保单等违法金融活动受到严厉打击，银行业不良贷款率低于全国平均水平，金融风险可控。

（二）深化供给侧结构性改革，经济结构转型优化升级

一、二、三次产业增加值同比分别增长 5.6%、5.9%、9.8%，产业结构调整优化为 15.5∶39.3∶45.2，服务业对经济增长的贡献率达到 58.2%。

扎实推进"三去一降一补"。去产能扎实推进，取缔"地条钢"产能 500 万吨/年，引导退出钢铁产能 95 万吨/年；退出煤矿 114 处，退出煤炭产能 1163 万吨/年，超额完成钢铁、煤炭去产能

目标任务。清理整顿违法违规电解铝项目,停产违规建成产能95万吨/年,停建违规在建产能185万吨/年。去库存力度加大,商品房库存面积较年初减少99.59万平米。去杠杆成效初显,企业杠杆率比上年同期下降1.4个百分点。降成本措施有力,落实国家结构性减税和社保降费政策,调整涉企经营服务性收费目录清单,收费项目由42项缩减至23项,缩减率达到45.2%,降低8个地(州、市)工商用电和农业用电价格,累计降低企业成本778.6亿元。加大力度补短板,基础设施、民生领域投资增速超过60%,投资额占新疆固定资产投资的50%以上。

农业供给侧结构性改革取得实效。粮棉供给侧结构性改革试点、农业水价综合改革、南疆农业高效节水灌溉增收试点、全面取消农村义务工和"五统一"、农村土地经营承包权确权登记等向纵深推进,新型农业经营主体加快培育壮大,现代农牧业加快发展。全年实现农业增加值1691.63亿元,同比增长5.6%。

工业质量效益不断提升。改造升级能源、化工、石化等传统行业,加快发展纺织服装、农产品加工等劳动密集型产业,特色优势产业稳步发展,工业发展的质量效益不断增强。规模以上工业增加值3058.8亿元,同比增长6.4%,规模以上企业利润比上年增长1.2倍。

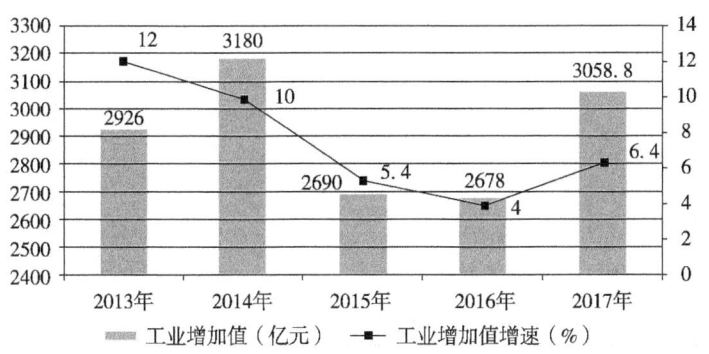

图2 2013—2017年新疆维吾尔自治区工业增加值及增速统计图

现代服务业加快发展。大力发展旅游、商贸物流、金融等现代服务业,互联网、信息技术、快递、电子商务等新兴服务业快速发展,接待国内外游客突破1亿人次大关,达到1.07亿人次,同比增长32.4%;社会消费品零售总额3044.6亿元,同比增长7.7%;服务业增加值达到4936.51亿元,同比增长9.8%。

创新驱动作用不断增强。启动丝绸之路经济带创新驱动发展试验区建设,华为等一批创新型企业在试验区建立合作基地。大力推进大众创业、万众创新,启动乌鲁木齐市高新区(新市区)国家双创示范基地建设;着力抓好新能源、新材料、先进装备制造等战略性新兴产业,加快建设信息资源灾备、远程医疗等一批项目,积极推进政务信息系统整合共享,带动互联网、大数据与实体经济的融合发展。战略性新兴产业增加值同比增长9.2%,高技术制造业增加值同比增长38.8%。

(三)加快重点项目建设步伐,固定资产投资快速增长

2017年,新疆完成固定资产投资11796亿元,同比增长20.0%,增速位居全国前列。

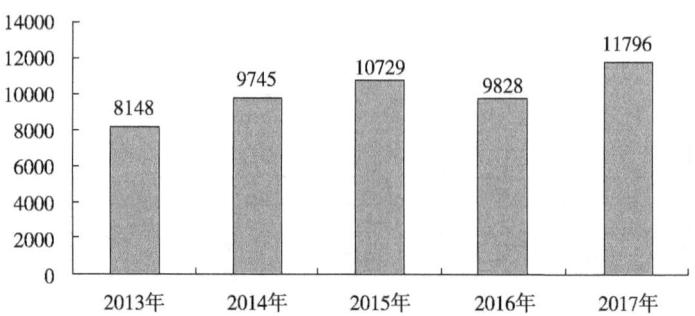

图3 2013—2017年新疆维吾尔自治区固定资产投资额统计图(亿元)

投融资渠道积极拓宽。出台深化投融资体制改革、进一步激发社会领域投资活力等实施意见,开展政策大宣讲,指导各地规范、有序、稳步推广 PPP 模式,鼓励和引导社会资本参与项目建设。积极争取国家资金项目支持,加强政府投资事中、事后监管,通过重大建设项目库按月调度、按季督导推进项目建设,派出 27 个稽查组对 2431 个项目开展稽察。落实中央预算内投资突破 300 亿元,达到 307 亿元,创历史新高;落实国外贷款 4.9 亿美元,发行企业债券 62.7 亿元,境外发债融资 10 亿美元。成功签约基础设施领域 PPP 项目 194 个,总投资 2598 亿元。

充分发挥重点项目支撑引领作用。紧盯目标、挂图作战、跑表计时、到点验收,强力推进重大基础设施建设。270 项续建项目加快建设,150 项新项目开工建设,全年自治区重点项目完成投资 4735 亿元,完成年度计划目标的 105%。

交通项目取得新进展。铁路方面:南疆铁路至兰新铁路联络线项目开通运营;库尔勒—格尔木铁路、阿勒泰—富蕴—准东铁路、克拉玛依—塔城铁路铁厂沟至塔城段等项目建设进展顺利;乌鲁木齐轨道交通 1—4 线项目加快建设,乌北—准东铁路扩能改造项目开工建设。特别是不等不靠、提前开展和田至若羌铁路可研报告编制和沿线土地征迁等工作,力促国家将和田—若羌铁路项目列入 2018 年新开工项目。公路方面:G7 明水(新甘界)—哈密高速公路建成通车,加快推进 G30 小草湖—乌鲁木齐、G30 乌鲁木齐—奎屯改扩建等公路项目建设进度;G7 线梧桐大泉—下马崖—伊吾、G0612 若羌—民丰、S254 线尉犁—且末等公路项目实现新开工。机场方面:莎车机场建成通航,库尔勒机场改扩建项目建成投运,若羌机场待验收后即可投运,塔城机场、阿勒泰机场改扩建项目的跑道工程已完工,实现复航;乌鲁木齐机场改扩建、阿克苏机场改扩建、喀什机场改扩建、伊宁机场改扩建、塔什库尔干机场、昭苏机场、于田机场等项目前期工作正在抓紧推进。

水利项目建设成效明显。卡拉贝利水利枢纽工程、于田吉音水库、叶尔羌河防洪工程、巴楚县城乡饮水安全工程全面完成，阿尔塔什水利枢纽工程、皮山县阿克肖水库等一批水利工程有序推进，大石峡水利枢纽工程、民丰县尼雅水库等13项重点水利项目实现开工建设，玉龙喀什水利枢纽工程、库尔干水利枢纽工程等项目前期工作加快推进。大力推进南疆农业高效节水建设，建成高效节水灌溉面积240万亩。

能源项目有序推进。力促国家批复了和什托洛盖矿区等4个矿区总体规划（规模2.03亿吨/年），核准了新疆天池能源准东西黑山矿区将军戈壁二号露天煤矿1000万吨/年等10个项目（规模5530万吨/年）。天池能源昌吉2×35万千瓦热电厂、新天伊宁20亿立方米/年煤制天然气等项目实现竣工。莎车—和田750千伏输变电工程、哈密5万千瓦太阳能热发电等项目开工建设。稳步推进"电气化新疆"建设，实施清洁能源采暖试点、电能替代工程建设，城乡居民、工商业等领域的电气化水平得到提升。

（四）深入推进经济体制改革，对外开放水平不断提升

货物进出口总额1398.4亿元，同比增长19.9%，其中新疆与"一带一路"沿线国家贸易额同比增长近40%。

重点领域和关键环节改革措施落到实处。巩固延伸"放管服"改革成果，全面公布自治区、地（州、市）、县（市）三级权责清单和投资核准事项清单，取消26项行政许可事项和11项行政权力；深化商事制度改革，加快推进社会信用体系建设，全面实施"双随机、一公开"监管和企业简易注销登记改革，开展第二批804个行业协会商会与行政机关脱钩改革试点。出台新疆能源综合改革工作方案，扎实推进能源综合改革；电力体制改革取得新进展，组建电力交易中心及电力市场管理委员会，93家售电公司完成注册，培育多元化配售电主体。深化国资、国企改革，推进混合

所有制改革，国有企业活力增强。统筹推进新型城镇化改革，出台深入推进新型城镇化建设的实施意见，深化户籍制度改革，稳步实施产城融合建设示范区建设。

丝绸之路经济带核心区建设加快推进。印发商贸物流中心、医疗服务中心、交通枢纽中心、区域金融中心等专项建设规划，细化2017—2020年核心区建设目标任务。加强政策沟通，研究制定了新疆参与中哈、中蒙俄、中塔战略合作实施意见，全面参与中巴经济走廊建设规划编制。加快建设乌鲁木齐国际陆港区、丝绸之路经济带核心区旅游集散中心等重大工程。新疆西行国际货运班列开行806列，是2016年的3.6倍，新疆—中亚班列乌鲁木齐集结中心初步建成。出台关于扩大对外开放积极利用外资的政策措施，引导规范境外投资，备案境外投资项目9个，中方协议投资额10.2亿美元，与"一带一路"沿线国家的产能、投资合作持续深化。喀什、霍尔果斯开发区基础设施不断完善，产业集聚和引擎带动作用逐步显现。中哈霍尔果斯国际边境合作中心建设步伐加快，跨境人民币创新业务成效显著，离岸人民币业务、融资业务快速增长。据国家信息中心"一带一路"2017年度大数据分析报告，各省（自治区、直辖市）"一带一路"综合指数，新疆排名第9位，名次比上年提升6位。

对口援疆工作成效显著。贯彻落实第六次全国对口支援新疆工作会议精神，着力推进"六个坚定不移聚焦"，全面加快援疆项目建设，全年实施援疆项目1764个，到位援疆资金151.8亿元，援疆资金到位率实现100%目标。大力开展产业援疆，在援疆省市建立新疆优质农产品外销平台；落实援疆省市经济合作项目2620个，累计完成投资3136亿元，与援疆省市的经济合作进一步深化。协助推进教育、卫生及人才援疆，推动落实"万名教师支教计划"，开展医疗卫生"组团式"援疆，加大干部人才援疆力度，加强交往交流交融、基层反恐维稳能力建设，援疆综合效益不断提高。

（五）突出抓好财税保障，金融支撑作用进一步增强

2017年，新疆一般公共预算收入1465.5亿元，同比增长12.8%；一般公共预算支出4641.2亿元，同比增长12.2%。

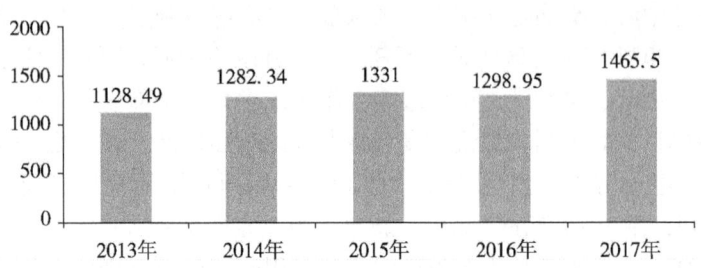

图4 2013—2017年新疆维吾尔自治区财政一般预算收入统计图（亿元）

财税保障作用有效发挥。加强财源建设，强化重点税源、重点行业和重点建设项目管理，进一步规范非税收入管理，找准税源增长点。严格财政支出管理，按照"保基本、保重点、保民生、保运转、压一般"的原则，优化财政支出，其中70%以上用于民生建设。

金融服务实体经济能力不断提升。探索推广融资新产品、新模式，调整、优化信贷结构，推动贷款利率保持在低位水平。充分利用银行贷款、银行间债务融资、企业债券、资本市场等各种方式，加大对固定资产投资支持力度。

（六）持续推进九项惠民工程，城乡居民收入稳步提高

2017年，新疆城镇居民人均可支配收入30775元，同比增长8.1%；农民人均可支配收入11045元，同比增长8.5%。

就业措施效果显著。多渠道推动城乡富余劳动力转移就业，全年实现转移就业275万人次，城镇新增就业47万人，城镇登记失业率3.41%，就业困难人员实现就业5万人以上，零就业家庭保持

动态清零。实施喀什、和田地区3年10万人就业计划,转移喀什、和田地区城乡富余劳动力4.7万人。

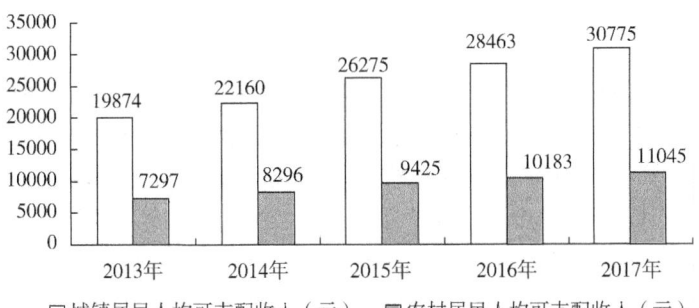

图5 2013—2017年新疆维吾尔自治区城乡居民收入统计图

社会事业加快发展。组织实施教育现代化推进、全民健康保障、文化旅游提升、公共体育普及、社会服务兜底等五大公共服务工程,加快建设社会领域项目1345个,基本公共服务水平得到提升。全面实施南疆地区15年免费教育,大力推进农村学前3年免费双语教育,新建和改扩建农村双语幼儿园4408所,117.62万适龄幼儿实现"应入尽入"。大力发展中等职业教育,推进初高中未就业毕业生职业技术培训全覆盖。持续开展全民免费健康体检、建立健康档案。加强基层卫生服务体系建设,积极推进医疗人才"组团式"援疆,乡镇卫生院、村卫生室标准化率已分别达到88%、84%。

社会保障体系进一步健全。完善城乡低保、养老保险、医疗保险、工作保险、生育保险、社会救助等制度,提升保障水平,城乡居民五项社会保险参保人数达到2573.48万人次,比上年增加144.14万人次。有意愿的"五保"老人实现集中供养,孤儿实现集中收养。

安居乐业保障力度加大。加快推进城镇保障性安居、农村安居等工程,实施各类棚户区改造36.81万套。实施农网改造升级工程和农村公路建设，统一城乡居民电价并降至0.39元/千瓦时，预计全年减少电费支出13.6亿元。扎实推进阿克陶县、呼图壁县、塔什库尔干县、精河县地震灾后重建工作，帮助灾区群众重建美好和谐家园。

脱贫攻坚深入推进。全面落实"六个精准"，下大力气推进易地扶贫搬迁工程，落实建设资金50.11亿元，开工建设住房2.2万套，完成8.39万人的易地扶贫搬迁任务。加大对南疆四地州深度贫困地区重大基础设施项目和民生工程建设的支持力度。组织开展区内协作扶贫、产业扶贫、援疆扶贫，实现裕民县、尼勒克县、吉木乃县等3个贫困县"摘帽"、9.1万户31.74万人脱贫。

（七）加强价格调控管理，价格总水平保持平稳

2017年，新疆居民消费价格指数涨幅2.2%，控制在3.5%目标范围以内。

重点领域价格改革取得突破。深化棉花目标价格改革，棉花目标价格由"一年一定"改为"三年一定"，开展补贴标准与质量挂钩、"保险+期货"风险分担机制试点。积极推进资源环境价格改革，出台农业水价综合改革实施方案，在沙雅县开展50万亩农业高效节水增收试点工作；出台城镇居民用水阶梯价格制度的实施意见，督促各地加快推进城镇供水和污水处理收费改革；制定排污权使用费征收标准和交易基准价，推动排污权交易。全面开展公立医院医疗服务价格改革，取消药品加成，调整完善医疗服务价格534项，制定100项按病种收费标准，完成医疗服务价格改革的阶段性目标。

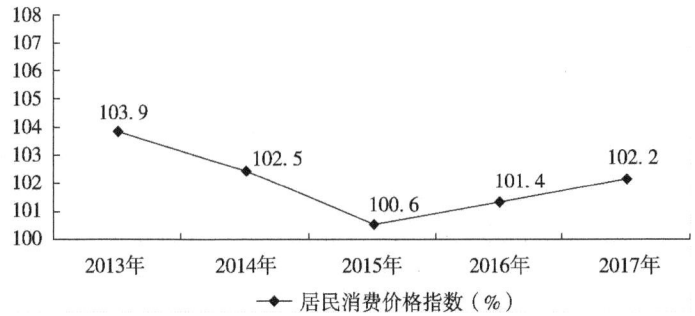

图6 2013—2017年新疆维吾尔自治区居民消费
价格指数（CPI）统计图

价格监管力度进一步加大。开展公平竞争审查、反垄断执法、重要节假日市场巡查和涉企、涉民收费专项检查，全疆查处各类价格违法案件410件，经济制裁1227.64万元。充分发挥"12358"价格举报平台作用，受理价格举报咨询案件1.03万件，办结率93.1%。办结价格认定案件1.64万件，涉案金额17.28亿元。

（八）坚持生态保护第一，生态文明建设取得积极进展

初步预计，单位地区生产总值能耗、二氧化碳排放强度、化学需氧量排放量、氨氮排放量均稳步下降。

做好中央环保督察整改工作。主动对接中央环保督察组工作要求，立查立改、边整边改，办理中央环保督察组交办群众信访举报件24批2322件，办结率达到100%；坚决整改卡拉麦里山自然保护区生态环境问题、违规建设电解铝项目。

强化生态保护建设。健全生态保护补偿机制，全面落实主体功能区规划，严格执行规划和建设项目环境影响评价制度，建立产业准入负面清单，严禁"三高"项目进新疆，坚持能源、矿产资源开发自治区政府"一支笔"审批制度和环境保护"一票否决"制度，实行最严格的生态保护制度和空间用途管制制度。加大重点生态工

程建设力度，塔里木盆地周边防沙治沙工程、天山北坡谷地森林植被保护与修复工程等生态工程进展顺利，艾丁湖生态保护治理工程等项目前期工作加快推进。

加强节能减排和应对气候变化工作。制定实施《自治区"十三五"节能减排工作实施意见》《自治区"十三五"控制温室气体排放工作实施方案》等专项规划，政策体系进一步完善。对重点用能单位、高耗能行业等开展专项监察，强化能耗"双控"和控制温室气体排放目标责任考核，认真开展节能审查工作，大力实施节能环保重点工程，积极推动循环经济发展。启动温室气体清单编制工作，推动吐鲁番市建设碳排放权交易中心，组织开展低碳城市及气候适应型城市建设试点工作。

扎实推进大气、水、土壤等重点领域污染治理。强化水污染防治，加大水污染防治各项重点工作力度，全面推动"水十条"目标任务落实。推进土壤污染防治，确保土壤环境安全。深化大气污染防治，加强重点区域大气污染防治工作，推进火电、钢铁、水泥、石化等重点行业污染防治设施提标改造。

过去的5年，是新疆发展史上极不平凡、具有里程碑意义的5年。以习近平总书记为核心的党中央情系新疆、心系新疆各族人民，对新疆工作给予高度重视和特殊关怀，举全国之力大力支持新疆发展。特别是习近平总书记多次发表关于新疆工作的重要讲话，专题研究新疆工作，做出重要批示，为做好新形势下新疆工作指明了前进方向。国家各部委的大力支持和19个援疆省市的无私援助，为新疆经济社会更好、更快的发展提供了巨大支持。在自治区党委、人民政府的坚强领导下，新疆上下紧紧围绕总目标，把握"两个关键点"，健全"一个机制"，坚定不移地贯彻落实新发展理念，坚定不移地推进改革开放，打好维护稳定和促进发展系列组合拳，社会稳定局面日益巩固，经济社会持续、健康发展，"十二五"规划圆满完成,"十三五"规划顺利实施。5年来,地区生产总值由2012年的7529亿元增加到2017年的10920亿元,年均增长9%;三次产业结构由17.1∶45.3∶37.6调整为15.5∶39.3∶45.2,第三产业对经济增长的贡献率由38.2%提高到58.2%;一般公共预算收入由909亿元增加到1465.5亿元,年均增长10%;累计实现进出口额1135.3亿美元;累计完成固定资产投资5万亿元,年均增长13.5%,交通、水利、能源等基础设施焕然一新;城镇居民人均可支配收入由19019元增加到30775元,农村居民人均可支配收入由6876元增加到11045元,年均分别增长10.1%和9.9%,均高于全国平均水平。

在看到成绩的同时,也要充分认识到新疆区内外宏观经济环境复杂多变,新疆仍面临着两个"三期叠加"的严峻形势,落实社会稳定和长治久安总目标的任务依然艰巨,经济社会发展存在不少困难和问题。主要表现在:一是部分重点领域融资难度加大,项目建设步伐放缓。国家实施审慎的货币政策、中性的财政政策,严控地方政府债务规模,着力防范金融风险,金融机构暂停或延缓了新疆部分项目的贷款审批工作,进一步加剧了各地的融资难度。国家提高了对大中型项目的审批门槛,直接影响一些大中型项目建设。二是供给侧结构性改革任务艰巨,经济回暖基础不稳固。产业结构不合理,重工业占工业比重的八成以上,产业转型升级较缓,"三去一降一补"任务繁重,工业投资仍然呈现下滑态势。三是资源环境约束加大,红线、底线意识有待增强。由于新疆"三高"项目多,工业能耗持续上升,能耗"双控"目标难度加大。国家加快生态文明体制改革、提高污染物排放标准、加大环保督查力度,新疆依托能源、资源优势的能源加工转换行业和项目受到限制,产业转型升级日益紧迫。四是基础设施建设相对滞后,"一带一路"的优势有待发挥。支撑经济发展的基础比较薄弱,连接疆内、国内和周边国家通道不完善,交通、水利等基础设施瓶颈制约明显。吸引外资能力弱，拥有"走出去"能力的企业少，竞争力不强。五是南北疆之间发展差距仍然较大，脱贫攻坚任务艰巨。新疆仍有建档立卡贫困人口47.62万户189.78万人，其中南疆四地州22个深度贫困县有192个深度贫困乡、1962个深度贫困村、162.75万深度贫困人口。电子产品组装、农产品深加工等劳动密集型产业尚未享受运费、电价等扶持政策，加上远离中心市场，内地企业引进难、留住难，转移农业富余劳动力就业压力大，贫困人口增收致富难。

二、2018年新疆国民经济主要指标安排建议

2018年是全面贯彻落实十九大精神的开局之年，是改革开放40周年，是决胜全面建成小康社会、实施"十三五"规划承前启后的关键之年，做好经济工作意义重大。新疆经济工作的总体要求是：全面贯彻党的十九大精神，以习近平新时代中国特色社会主义思想为指导，认真学习贯彻习近平新时代中国特色社会主义经济思想，贯彻落实习近平总书记关于新疆工作的重要讲话和重要指示精神，贯彻落实党中央治疆方略，特别是社会稳定和长治久安总目标，贯彻落实中央经济工作会议精神，加强党对经济工作的领导，坚持稳中求进工作总基调，坚持新发展理念，紧扣我国社会主要矛盾变化，按照高质量发展的要求，统筹推进"五位一体"总体布局和协调推进"四个全面"战略布局，坚持以供给侧结构性改革为主线，统筹推进稳增长、促改革、调结构、惠民生、防风险各项工作，大力推进改革开放，创新和完善宏观调控，推动质量变革、效率变革、动力变革，在打好防范化解重大风险、精准脱贫、污染防治的攻坚战方面取得扎实进展，引导和稳定预期，加强和改善民生，促进经济社会持续健康发展，维护社会大局持续和谐稳定。

2018年主要预期目标：地区生产总值增长7%左右，其中工业增加值增长6%以上；全社会固定资产投资增长15%左右；社会消

费品零售额增长8%左右;进出口总额增长10%以上;一般公共预算收入增长10%左右;城乡居民人均可支配收入增长8.5%左右;城镇新增就业人数46万人,城镇登记失业率控制在4.5%以内;居民消费价格涨幅控制在3.5%以内;3个贫困县退出验收,507个贫困村、454766名贫困人员脱贫。

(一)关于地区生产总值增长7%左右的考虑

一是优化农业产业体系、生产体系、经营体系,推广实施高效节水技术,预计第一产业增长5%左右,带动经济增长0.5个百分点。二是深化供给侧结构性改革,推动传统行业优化升级,纺织服装、农产品加工等劳动密集型产业加快发展,新能源、新材料等战略性新兴产业快速增长,预计工业增长6%以上,带动经济增长1.4个百分点。三是水利、交通、能源基础设施、老旧城区改造等重点领域建设加快推进,房地产市场平稳运行,预计建筑业增长7%左右,带动经济增长0.6个百分点。四是旅游休闲、住宿餐饮等生活性服务业快速增长,电子商务、仓储物流、医疗卫生、文体康养、教育科技、软件信息等新兴服务业加快发展,预计第三产业增长9%左右,带动经济增长4.5个百分点。

(二)关于工业增加值增长6%以上的考虑

一是深化供给侧结构性改革,先进有效产能得到释放,煤炭、钢材、水泥等产品价格回归合理价位,企业效益明显改善。二是一批新能源、新材料、生物医药、环保等战略性新兴产业快速发展,新的增长点加快形成。三是纺织服装、农产品加工等劳动密集型产业继续保持快速发展态势。

(三)关于固定资产投资增长15%左右的考虑

一是推动农业提质增效、工业转型升级、服务业加快发展,构建具有新疆特色的现代产业体系，完善交通、水利、能源、通信等基础设施，投资仍然是拉动经济增长的主要动力。二是中央强调健全货币政策和宏观审慎政策双支柱的宏观经济调控框架，着力防控金融风险，防范政府债务风险，进一步加剧了各地的融资难度。三是稳步推进基础设施建设，库尔勒—格尔木铁路、阿尔塔什水利枢纽工程等续建项目加快建设，和田—若羌铁路、玉龙喀什水利枢纽等一批重大项目新开工，投资还有增长空间。

（四）关于社会消费品零售总额增长8%左右的考虑

一是继续实施"九项惠民工程"，深入开展"访惠聚"驻村工作、"民族团结一家亲"活动，带动城乡消费，特别是农村消费较快增长。二是进一步加强商贸物流基础设施建设，健全完善冷链物流体系和农村电商平台，依托援疆平台开拓内地市场，促进批发和零售业发展，预计商品零售额增长8%。三是旅游、文化、康养、体育等产业快速发展，将进一步带动住宿和餐饮业快速发展，预计餐饮业消费额增长10%。

（五）关于进出口总额增长10%以上的考虑

一是丝绸之路经济带核心区建设深入推进，西行国际货运班列组织开行力度加大，整车进口数量快速增加。二是与周边国家的旅游合作不断深化，跨境旅游和跨境电商发展迅猛。三是加快开放平台建设，进出口产业集聚区建设步伐加快，综合保税区等海关特殊监管区引擎作用日益凸显。以上因素将带动货物进出口快速增长。

（六）关于一般公共预算收入增长10%左右的考虑

一是大力加强基础设施建设，经济保持平稳增长态势，进一步带动财政增收。二是不断优化税收征收体系和征管服务，加强非税收入征缴，确保应收尽收。三是"营改增"、减税降费等带来的财政收入减少效应趋于稳定，有利于财税收入增长。

（七）关于农民人均可支配收入增长8.5%左右的考虑

一是鼓励和支持农民工就近就地、疆内、内地外出务工，大力发展纺织服装等劳动密集型产业，实施"短、平、快"项目，带动农民人均工资性收入新增355元。二是继续推进农村土地流转、农牧业产业化经营、农村一二三产业融合发展，预计农民人均经营性收入新增325元。三是全面落实惠农政策，加大脱贫攻坚，特别是加大深度贫困地区脱贫攻坚支持力度，加之进一步提高农村低保标准，预计农民人均转移性收入新增260元。以上因素将促进农民人均增收940元。

（八）关于城镇居民人均可支配收入增长8.5%左右的考虑

一是积极支持、鼓励城镇单位扩大就业，大力推进大众创业、万众创新，创造更多就业岗位，预计城镇居民人均工资性收入新增1535元。二是支持旅游、餐饮、住宿、交通运输等行业快速发展，加强对小微企业、个体经营户的政策扶持，预计城镇居民人均经营性收入新增320元。三是提高保障水平，实施医疗救助兜底等惠民政策，上调退休人员基本养老金、提高城镇低保标准的增收效应进一步释放，预计城镇居民人均转移性收入新增760元。以上因素将促进城镇居民人均增收2615元。

（九）关于城镇新增就业人数46万人和城镇登记失业率控制在4.5%以内的考虑

坚持就业惠民，大力发展劳动密集型产业，加大产业援疆力度，鼓励扶持创新创业，旅游业、中小微企业和民营经济快速发展，创造大量就业岗位。

（十）关于居民消费价格涨幅控制在3.5%以内的考虑

消费增长、价格改革推动价格涨幅2个百分点左右，2017年价格上涨的翘尾影响约为1个百分点，市场短期波动等其他因素影响0.5个百分点左右。

（十一）关于3个贫困县摘帽、454766名贫困人口脱贫的考虑

一是党的十九大对坚决打赢脱贫攻坚战提出了明确要求。二是制定《南疆四地州深度贫困地区脱贫攻坚实施方案》，强化脱贫攻坚措施。预计2018年可实现3个贫困县（泽普、乌恰、阿合奇）退出验收；实现507个贫困村、454766名贫困人口脱贫，其中南疆22个深度贫困县中的404个深度贫困村退出验收，实现94856户409376名贫困人口脱贫。

三、2018年自治区经济社会发展主要任务和措施

做好2018年经济工作，必须坚决贯彻落实以习近平同志为核心的党中央的决策部署，进一步把思想和行动统一到自治区党委部署要求上来，坚持稳中求进工作总基调，坚持贯彻落实新发展理念，坚持以供给侧结构性改革为主线，坚持以创新引领发展，坚持以人民为中心的发展思想，坚持以总目标为统领，突出营造"一个良好环境"、打好"三大攻坚战"、抓好"九项重点工作"，坚定不移推动经济高质量发展。

（一）营造"一个良好环境"

牢牢把握以习近平同志为核心的党中央关于社会稳定和长治久安是新疆工作总目标的科学定位，始终把维护稳定作为压倒一切的

政治任务、重于泰山的政治责任,时刻绷紧维护稳定这根弦,标本兼治、综合施策,打好组合拳,坚持"六个抓好",做到"五个管住",扭住"一个不放松",保持"一个常态",努力实现"三个坚决"。以钉钉子精神抓好稳定工作,按照"四句话"要求,持续抓好"4+1",坚决打好"三场硬仗"、打赢"一场人民战争"、做到"三个联动",确保实现新疆社会大局持续稳定、长期稳定、全面稳定,为经济高质量发展提供和谐、稳定的环境。

(二) 打好"三大攻坚战"

1. 打好防范、化解重大风险攻坚战

着力防范、化解重大风险,重点是防控金融、政府债务、房地产市场等领域风险,促进形成金融和实体经济、金融和房地产、金融体系内部的良性循环。

(1) 做好重点领域风险防范和处置。积极防范、化解地方政府债务风险,加大财政约束力度,严格规范政府举债途径,规范融资平台、产业投资基金、政府与社会资本合作(PPP)、政府购买服务等的管理,加强统筹,从严把关,不提不切实际的目标,不搞寅吃卯粮的工程,充分发挥市场机制的作用,鼓励和吸引社会资本参与项目建设,坚决防止政府举债建设,确保政府债务零增长。

(2) 坚决打击违法、违规金融活动。强化金融监管,盯住风险多发、高发的重点领域和关键环节,着力整治乱办金融、非法集资、乱搞同业、乱加杠杆、乱做表外业务、违法违规套利等严重干扰金融秩序行为,严格规范金融市场交易行为,坚决取缔非法金融机构,禁止非法金融活动,严厉打击非法集资活动,严厉打击地下钱庄、地下保单以及以财富管理等名义进行的非法金融活动,防止溢出效应和传染效应,坚决防止发生系统性、区域性金融风险。

(3) 加强薄弱环节监管制度建设。加强政府债务内控制度建设,加强审计监督、督查问责。加强互联网金融监管,做好网络借贷信息中介机构的登记备案管理工作。加强金融风险源头管控,完善信用风险处置机制,加大逃废债打击力度,强化金融机构防范风险主体责任,健全内控机制,坚持审慎合规经营,动态排查风险隐患,提升抵御风险能力。

2. 打好精准扶贫攻坚战

按照党中央确定的脱贫目标,保证现行标准下的脱贫质量,既不降低标准,也不吊高胃口,瞄准特定贫困群众精准帮扶,以南疆四地州为重点,向22个深度贫困县(市)、192个深度贫困乡(镇)、1962个深度贫困村聚焦发力,注重扶贫同扶志、扶智相结合,激发贫困人口内生动力。

(1) 实施"七个一批"工程。通过转移就业脱贫一批,实施3年10万深度贫困人口就业计划,引导和组织贫困人口有序向企业、园区、卫星工厂、扶贫车间、小微创业转移。通过发展产业脱贫一批,坚持宜农则农、宜牧则牧、宜工则工、宜商则商、宜游则游,完善产业扶持政策,带动贫困户增收。通过土地清理再分配脱贫一批。通过转为护边员脱贫一批,落实边境县护边员补助政策,优先安排深度贫困边境县贫困边民新增为护边员。通过实施生态补偿脱贫一批,落实国家新一轮草原保护补助奖励政策,建立草原管护员制度,从建档立卡贫困人口中转化一批生态护林员。通过易地扶贫搬迁脱贫一批,力争对符合条件的48991名贫困人口实施易地扶贫搬迁,抓好搬迁后续产业发展和基本公共服务。通过最低生活保障兜底脱贫一批,加快推动扶贫线和低保线"两线合一",每年安排20亿元设立社会保障专项基金,将所有符合条件的贫困人口全部纳入社会保障兜底范围。

(2) 强化基础设施和公共服务建设。加大对南疆四地州交通、水利、电力、通信等重大基础设施项目和民生工程建设的支持力度,解决54.5万贫困人口饮水安全问题,强化深度贫困村的电网、道路、通信、网络、广播电视等配套设施建设,改善贫困地区群众生产生活条件。

（3）加快形成扶贫工作合力。统筹专项扶贫、行业扶贫、社会扶贫、援疆扶贫等多方力量，推进贫困县涉农资金整合试点工作，加大精准扶贫和结对帮扶，落实到村、到户、到人帮扶措施，加强考核监督。认真做好"民族团结一家亲"结对认亲、北疆33个县市区对口南疆27个贫困县协作扶贫、"千企帮千村"等工作，引导更多的社会力量投入脱贫攻坚战。

3. 打好污染防治攻坚战

牢固树立"绿水青山就是金山银山"，"冰天雪地也是金山银山"的理念，抓好中央环保督查整改工作，打好蓝天保卫战，加快推进生态文明建设，努力建设天蓝地绿水清的美丽新疆。

（1）严守生态环保底线、红线。严格执行规划和建设项目环境影响评价制度，严禁"三高"项目进新疆，坚持能源、矿产资源开发自治区政府"一支笔"审批制度、环境保护"一票否决"制度，实施最严格的水资源管理制度，严格落实生态环境损害责任终身追究制，制定、实施生态文明建设目标评价考核办法，编制产业准入负面清单，坚决守住生态功能保障基线、环境质量安全底线、自然资源利用上线。持续加大环境执法力度，进一步完善环境监管能力体系，统筹做好新疆第二次全国污染源普查工作。

（2）加大生态文明建设力度。完善主体功能区制度，落实重点生态功能区产业准入负面清单，实施生态保护补偿机制。深入实施土壤污染防治行动计划，启动实施耕地草原河湖林地休养生息规划，推进退耕还林还草、退牧还草、农牧交错带已垦草原治理等工程建设。加强风沙源区、水源涵养区、生态脆弱区等重点区域生态恢复治理与保护，继续推进重点防护林工程、塔里木盆地周边防沙治沙工程、天山北坡谷底森林植被保护和恢复工程、湿地保护工程，继续实施艾比湖流域水环境综合治理，启动卡拉麦里山自然保护区生态修复项目、吐鲁番艾丁湖湿地恢复工程。

(3) 推动绿色低碳循环发展。抓好重点地区和城市煤炭消费减量替代和清洁化利用,加强乌昌石、奎独乌等重点区域大气同防同治。强化节能减排降碳硬约束,组织开展节能减排和二氧化碳排放目标责任考核,严格落实国家单位产品能源消费限额标准,建立健全能源管理体系,推行居住建筑节能75%强制性节能设计标准,加快绿色交通基础设施建设,强化节约型公共机构示范单位管理,组织实施资源节约环境保护领域项目建设。积极应对气候变化,加快推进二氧化碳排放权交易体系和低碳试点示范建设,实现全年新疆万元地区生产总值能耗下降2.09%,二氧化碳排放强度下降2.52%,能源消费增量得到有效控制。

(三) 抓好"九项重点工作"

1. 深化供给侧结构性改革,提高发展质量和效益

牢牢把握深化供给侧结构性改革主线,把提高供给体系质量作为主攻方向,在"破、立、降"上下功夫,着力提高经济发展质量和效益。

(1) 大力破除无效供给。坚持质量第一、效益优先,深入推进"三去一降一补",提高生产、服务标准,优化存量资源配置,扩大优质增量供给,做大、做强实体经济。坚持多措并举去产能,综合运用市场化、法治化手段,依法、依规引导企业化解过剩产能、淘汰落后产能,从总量性去产能转向结构性优产能为主,从以退为主转向进退并重,促进产能利用率保持在合理区间。更加注重产业布局的质量和效益,探索共享经济等新模式与工业制造、农业生产深度融合,促进能源等传统行业产能优化配置,引导存量主动转型升级,防止无序、过度扩张和同质化、低水平竞争。坚持分类施策去库存,完善促进房地产市场平稳、健康发展的长效机制,加快建立多主体供应、多渠道保障、租购并举的住房制度。

(2) 大力培育新动能。实施创新驱动发展战略,以丝绸之路经

济带创新驱动发展试验区为突破口,加快乌鲁木齐—昌吉—石河子国家自主创新示范区建设,强化科技创新,加快创新体系建设,推动创新成果、创新项目同产业和现实生产力对接,推动新能源、新材料、先进装备制造、生物医药、节能环保等战略性新兴产业发展,培育一批具有创新能力的排头兵企业,加快形成新的增长点。深化拓展"天山云"计划,大力发展数字经济,加快互联网、大数据、云计算、物联网、人工智能和实体经济深度融合,推动"互联网+"广泛应用,加快培育电子商务示范基地和示范企业,实现电子商务零售交易额增长20%以上。

(3)大力降低实体经济成本。继续落实社保降费及补贴政策,继续清理和规范涉企、涉农、涉民等收费项目,不断降低制度性交易成本。深化电力、石油天然气、铁路等行业改革,降低用能、物流成本。大力实施"电气化新疆"工程,加快推进售电侧改革、增量配电网、输配电价改革、煤改电工程等,继续深入开展同网同价工作,通过市场化手段,加快推进电网整合,加强配电网建设与改造,有效降低企业用电成本,努力打造全国的低电价"洼地"。

2. 培育壮大特色优势产业,做大做强实体经济

坚持把发展经济的着力点放在实体经济上,着力优化产业结构,转变发展方式,推动实体经济、科技创新、现代金融、人力资源协同发展,加快构建具有新疆特色的现代产业体系。

(1)坚持一产上水平。深入推进农业供给侧结构性改革,着力推动"三区三园"建设,全面提升农产品供给质量和效率。在"稳粮"方面,实施"藏粮于地、藏粮于技"战略,重点支持粮食主产县推进小麦优质高效粮田建设;适度调减小麦低产区种植规模,逐步消减粮食库存。在"优棉"方面,推进规模化和标准化棉田综合整治工程、现代棉花种业整合提升工程、植棉全程机械化示范推广工程、高效节水灌溉工程、棉花科技创新支撑体系、棉花信息化智能化服务体系建设,深化棉花配套改革,建设国家棉花生产

保护区。在"促畜"方面，坚持种养结合、草畜配套、农牧融合，整县推进畜牧养殖大县种养循环，促进肉牛肉羊标准化规模养殖，积极支持畜禽品种改良、疫病防控、养殖管理，加快人工饲草料基地建设。在"强果"方面，争取国家支持建设特色林果标准化基地，进一步提升特色林果品质，发展高产、优质、高效、生态、安全的新型特色林果产业。推动林果业精深加工，打造知名林果品牌。在"兴特色"方面，建设特色农产品、设施农业等优势区，把地方土特产和小品种做成带动农民增收的大产业。大力推进农业绿色发展，争取国家优惠政策，力争在8个县开展休耕试点；大力推进节水改造，落实退地减水任务，加大地下水超采治理和水土流失防治力度；抓好盐碱地改良、面源污染防治、农田废旧地膜综合治理、秸秆及牲畜粪污利用等工作，控制农药化肥使用，保护产地环境，提升生态服务功能。

（2）坚持二产抓重点。改造、提升传统产业，推动工业转型升级，鼓励煤、电、化等上下游产业一体化经营，加快发展现代煤化工产业，推动石油石化、冶金建材、轻工食品、机械制造、民族医药等传统产业延伸产业链，提升价值链，提高产品技术、工艺装备、能效环保等水平。加快发展先进装备制造、电子产品、金属加工、硅基新材料等产业，扩大在新能源装备、输变电装备、特色农牧机械等产业领域的发展优势，加快智能化、绿色化转型升级。大力推进纺织服装、电子组装产品、农副产品深加工等劳动密集型产业，力争将纺织服装产业优惠政策延长到2023年，向印染、服装等终端产业倾斜，推动产业聚集发展和全产业链发展，支持建设合成纤维生产基地，发展聚酯及深加工产业。

（3）坚持三产大发展。做大做强旅游业，打造特色旅游品牌，提升重点旅游景区品质，进一步健全旅游发展优惠政策体系，推进"旅游+"融合发展和"全域旅游"新模式，不断提升旅游公共服务能力，规范旅游市场秩序，力争2018年接待国内外游客数量比上年增长30%。加强物流枢纽设施和城乡市场网络建设，加快完善国际商品交易展示、现代物流服务组织、大宗商品采购交易、电子商务创新应用、国际口岸开放发展、城乡商贸物流服务等体系。优化消费市场环境，支持实体店转型优化，大力发展幸福产业，推动"互联网+"与旅游、养老、医疗、家政、快递等服务业融合发展，促进线上线下深度融合，进一步扩大生活类、公共服务类、新型信息产品类等消费，持续释放消费需求潜力。

3. 深化经济体制改革，激发各类市场主体活力

坚持以完善产权制度和要素市场化配置为重点，深化重点领域和关键环节改革，不断激发实体经济动力和活力。

（1）推动国有资本做大做强。开展国有企业混合所有制改革试点，推动国有企业完善现代企业制度，健全公司法人治理结构。围绕以管资本为主加强国资监管，改革国有资本授权经营体制，发挥国有资本投资、运营平台的作用，促进国有资产保值增值。

（2）优化营商环境，支持民营企业发展。落实产权保护政策，破除歧视性限制和各种隐性障碍，加快构建"亲""清"的政商关系，加快建立企业家参与制定和实施重大公共政策机制，激发和保护企业家精神。构建竞争公平、有序的市场环境，巩固、延伸"放管服"改革，全面实施并不断完善市场准入负面清单制度，以清单管理推动放权。全面推开行业协会商会与行政机关脱钩改革。加快建立公平竞争审查制度，全面推进社会信用体系建设，完善电子政务网络基础设施，大力推进网上并联审批，持续加强事中事后监管。

（3）积极、稳妥地推进重点领域改革。按照"管住中间、放开两头"的总体思路，深化电力、天然气、供水等垄断行业和公共服务、公用事业价格改革。创新和完善生态环保价格机制，落实行业差别（阶梯）电价、水价政策，推行超定额累进加价制度，完善垃圾处理收费机制，促进资源节约和环境保护。稳步推进新疆能源

综合改革,放宽能源领域市场准入条件,推动管网第三方公平接入,推进能源市场体系建设。

4. 积极实施乡村振兴战略,推动农业农村经济健康发展

坚持农业、农村优先发展,以规划为引领,推动农业提质增效,促进农村产业融合发展,努力改善农村人居环境,加快推进农业、农村现代化。

(1) 科学制定乡村振兴战略规划。围绕"以产业兴旺为重点、生态宜居为关键、乡风文明为保障、治理有效为基础、生活富裕为根本"的总体思路,立足新疆区情和不同类型地区特点,把握农村发展规律,编制《新疆维吾尔自治区乡村振兴战略规划(2018—2022年)》。

(2) 统筹推进农业农村改革。坚持质量兴农、绿色兴农,加快农业政策从增产导向转向提质导向。深化粮食收储制度改革,让收储价格更好地反映市场供求,扩大轮作休耕制度试点。积极稳妥地推进粮食等重要农产品价格改革,加快农业水价综合改革,深化棉花目标价格改革试点工作,扩大棉花目标价格同质量挂钩试点范围。完善生态补偿机制,稳步推进国有垦区和国有林区、林场改革,深化农村集体产权、林权改革,全面推行河长制,启动湖长制试点。

(3) 大力推进农村产业融合发展。做优农村第一产业,发展绿色循环农业,推进优质农产品生产,优化农业发展设施条件,夯实产业融合发展基础。做强农产品加工业,扶持发展农产品加工园区,大力支持发展农产品产地初加工,全面提升农产品精深加工整体水平,努力推动农产品及加工副产物综合利用,提升产业融合发展带动能力。做活农村第三产业,扶持发展农村电商,完善城乡鲜活农产品直供、直销体系,加快农产品外销平台建设,拓宽产业融合发展途径,推进农业、农产品加工、科技、物流、旅游、文化和康养等农村一、二、三产业深度融合发展。增强产业融合发展的内

生动力,启动新型农业经营主体培育工程,加快培育和提升一批农产品精深加工企业,吸引一批骨干企业或集团落地主产区,引导社会资本进入农产品加工领域,支持和鼓励农民就业、创业,促进小农户与现代农业发展有机衔接。

(4)健全城乡融合发展体制、机制。坚持新型城镇化和乡村振兴两手抓,优化城镇发展格局,编制完成天山北坡城市群发展规划,规范引导特色小镇和小城镇建设,推动放宽城市户籍准入条件和居住证制度全面落地,逐步健全全民覆盖、普惠共享、城乡一体的基本公共服务体系,增强对农业转移人口的吸引力和承载力。推进各具特色的美丽宜居乡村建设。以生产发展和民生改善为重点,突出抓好农村基础设施建设、公共服务建设、环境综合治理,分类、有序推进农村人居环境建设。

5. 扎实推进重点项目建设,夯实经济社会发展基础

狠抓项目前期工作,加强水利、铁路、公路、航空、管道、电网、信息、物流等基础设施网络建设,推进重点项目建设,着力补齐基础设施这个最大的短板。

(1)加大对重点项目的协调服务力度。进一步加强统筹协调,实行挂图作战、列表推进,形成投资落实"点、线、面"联动机制。加大项目前期工作力度,抢抓"十三五"相关规划中期评估、调整有利时机,对未纳入国家和自治区规划又急需建设的项目,争取纳入相关规划,抓紧启动前期工作,形成投产一批、建设一批、开工一批、储备一批的良性循环。强化项目入库管理,加强项目稽察和督查工作。大力推行工程项目多评合一、多审合一试点。

(2)深化投融资体制改革,多渠道落实项目建设资金。积极争取国家资金支持,力争落实中央预算内投资达到320亿元以上。做实、做强自治区能源、交通、水利、信息产业等国有投融资公司,支持有条件的地方创新设立投融资公司。运用资本金投入、股权投资、财政贴息等多种方式,引导金融和社会资本投入,支持基础设

施建设和产业发展。着眼放活市场，实行企业投资项目管理负面清单制度，进一步放宽非公有制经济市场准入条件，最大限度地减少投资项目前置条件。稳妥利用PPP方式盘活存量资产，形成投资良性循环。积极承接东部地区产业转移，吸引和支持企业来疆投资兴业。

（3）稳步推进重大项目和基础设施建设。充分发挥市场机制的作用，切实抓好交通、水利、能源等重点基础设施建设项目，2018年全年实施自治区重点项目572项，完成投资3700亿元以上，其中新开工项目115项。完善立体交通体系。加快推进丝绸之路经济带北、中、南三大通道和南北疆大通道建设，着力构建综合交通网主骨架。铁路方面，扎实推进库尔勒—格尔木铁路、乌鲁木齐市轨道交通1—4号线工程等续建项目建设，力争轨道交通1号线建成运营。推动和田—若羌铁路等项目新开工建设，积极推进乌鲁木齐—奎屯—霍尔果斯高速铁路的前期工作，启动乌鲁木齐—库尔勒—喀什高速铁路的前期研究工作。公路方面，加快推进G0711乌鲁木齐—库尔勒（尉犁）、G7巴里坤—木垒等一批通道项目建设，加快S21线阿勒泰—五家渠—乌鲁木齐等省道和地方高速公路建设步伐。机场方面，全力加快乌鲁木齐国际机场改扩建项目建设进度，开工建设塔什库尔干、昭苏、于田等新建机场，加快推进巴里坤机场、和布克赛尔机场、巴音布鲁克机场、准东（奇台）机场等一批机场前期工作，启动乌苏机场、皮山机场、阿合奇机场等项目的前期工作。推进水利基础设施建设。在提高水资源合理配置和有效利用方面，着力抓好重大引调水工程建设，加强山区水利控制性骨干工程建设，推进流域开发治理工程建设，加强水能资源开发利用，统筹推进阿尔塔什水利枢纽等5座大型水库和奴尔水库等17座中型水库建设，开工建设玉龙喀什水利枢纽工程，加快推进库尔干水利枢纽工程、莫莫克水利枢纽工程、奥依阿额孜水利枢纽工程前期工作。在农田水利基本建设方面，继续实施22个大型灌区节水改造建设,启动南疆19个中型灌区节水改造项目建设。在民生水利工程建设方面,重点推进大中型病险水闸除险加固,加强防灾减灾能力工程建设,加快推进城乡供排水能力建设,重点加快深度贫困县(市)农村饮水安全巩固提升工程建设。推进能源基础设施建设。加快"疆电外送"工程建设,建成准东—华东±1100千伏特高压直流输电工程,开展"疆电外送"第三条通道前期工作,加快实现750千伏主网架覆盖新疆各地州,加快农网建设与改造工程,提高疆内消纳能力、外送能力和保障能力。加快推进准东将军戈壁二号露天煤矿1000万吨/年等一批重大煤矿项目建设,抓紧开工建设苏新能源和丰40亿立方米/年煤制天然气、伊泰伊犁100万吨/年煤制油等现代煤化工项目,推动龙宇准东40亿立方米/年煤制天然气、伊泰甘泉堡200万吨/年煤制油等项目前期工作,有效增加能源供应。

6. 加快丝绸之路经济带核心区建设,着力构建全方位开放格局

紧紧抓住"一带一路"建设机遇,以丝绸之路经济带核心区建设为统领,发展更高层次的开放型经济,推动形成全面开放新格局。

(1) 健全核心区建设体制、机制。创新核心区建设工作领导机制,健全、完善核心区建设政策规划体系、对外开放交流合作平台,全面构建双边和多边沟通合作机制,办好亚欧博览会等境内外重大展会。围绕"五大中心"建设,加快推进乌鲁木齐国际陆港区、丝绸之路经济带核心区云计算数据中心等重点项目建设。

(2) 加快对外开放平台建设。推进喀什、霍尔果斯经济开发区创新发展,在权限下放、营商环境、管理服务、运营模式等方面取得新突破,积极争取国家调整增补税收优惠产业目录。推动乌鲁木齐、喀什、阿拉山口综合保税区和中哈霍尔果斯国际边境合作中心中方配套区规范运营,支持"保税+"新模式、新业态发展。围绕中欧班列集结中心建设,加大西行班列组织开行力度,力争全年开

行新疆西行货运班列 1000 列。支持塔城市申报国家重点开发开放试验区，推动阿拉山口市先行先试重点开发开放试验区建设。

（3）深化对外贸易投资合作。持续推进"三互"大通关改革，推进"单一窗口"建设和"联合查验、一次放行"通关新模式，提高通关效率。加快跨境电子商务综合试验区和跨境电商产业园区建设，提高跨境电商便利化水平。进一步做好利用外资和境外投资项目管理和服务，有效推进国际产能和装备制造合作，鼓励企业境外融资。

（4）充分发挥援疆优势，提升双向开放水平。贯彻落实第六次全国对口支援新疆工作会议精神，继续贯彻"五个必须坚持"重要原则，始终紧扣"六个更加注重"重点任务，在对口援疆广度拓展、深度挖掘、力度强化上狠下功夫，着力加强机制建设、调动援受双方两个积极性。充分发挥新疆独特的地缘、资源、人文优势和援疆省市在资金、技术、人才、管理等方面优势，推动援疆省市优势产业特别是劳动密集型产业向新疆转移，增强吸纳就业能力。充分发挥援疆省市广阔的市场优势，帮助农业产业化龙头企业开拓援疆省市市场，促进农民增收。鼓励援受双方搭建多层次的交往交流交融平台，加强人员往来和文化交流，将交往交流交融拓展到社会各个层面。

7. 突出抓好财税金融，提升支撑和服务实体经济能力

围绕服务实体经济，做好财税金融工作，提升支撑保障能力，促进经济和金融良性循环、健康发展。

（1）加强财政收支管理。建立全面规范透明、标准科学、约束力强的预算制度，提高部门预算绩效目标管理的科学性、规范性和有效性，促进财政资金优化配置。严格执行中央八项规定和自治区十条规定，继续树立过紧日子的思想，确保"三公"经费等一般性支出只减不增。建立现代财政转移支付制度，不断推进地区间基本公共服务均等化。创新预算执行管理机制，加强全口径预算执行管

理,提高财政资金效益。

(2)提高金融服务实体经济能力。全面贯彻全国金融工作会议部署,加强金融对实体经济支持力度。做强金融主体,推动国内外金融机构在新疆设立法人金融机构或设立分支机构,支持大型企业集团设立财务公司。优化信贷结构,实施"有控有扶"差别化信贷政策,着力满足重点投资项目资金需求,实施普惠金融定向降准政策,加大对脱贫攻坚、涉农、小微企业的信贷投放力度,保持信贷平稳、适度增长。进一步完善创业担保贷款等创业扶持政策,引导金融机构加强对创新创业的金融支持。鼓励企业利用多层次、多元化资本市场扩大直接融资比重,建立市场化企业资本金补充机制,引导企业开展兼并重组和资产证券化,因地制宜探索和推进市场化债转股试点工作。加快推进哈密、昌吉、克拉玛依等绿色金融试验区建设,推动绿色债券、社会领域产业融合债券等创新产品的运用。

8. 大力保障和改善民生,提高各族群众的获得感、幸福感

贯彻落实"以人民为中心"的发展思想,抓住各族群众最关心、最直接、最现实的利益问题,扎实开展九项惠民工程,不断提高保障和改善民生水平,让各族群众获得感、幸福感、安全感更加充实、更有保障、更可持续。

(1)多渠道促进就业、创业。大力实施就业优先战略,推动纺织服装产业、"短平快"项目、民营经济和中小微企业加快发展,促进农民工返乡创业,有序扩大城乡富余劳动力转移就业规模,全年转移农村富余劳动力270万人次。不断强化职业培训,加强公共实训基地建设,完善培训补贴直补企业机制,广泛推进校企合作和订单、定岗、定向培训,将城乡有就业愿望和培训要求的劳动者全部纳入培训范围。

(2)优先发展教育事业。继续实施学前和义务教育学校建设,加强教育基础薄弱县普通高中和中高等职业学校基础能力建设。全

面推进高等教育内涵式发展,加快一流大学和一流学科建设,积极推进新疆大学、新疆医科大学等新校区建设,提升高校的人才培养质量和科技创新、社会服务、先进文化引领等能力。

(3) 提高全民健康水平。深化医疗卫生体制改革,逐步完善基层医疗服务体系。提高全民健康素养,推动全民健康体检工作常态化、规范化、优质化,加强结核病、艾滋病等重大疾病预防控制,实施农村贫困人口白内障患者免费治疗,实现9种大病集中救治覆盖所有贫困地区。进一步加强计划生育目标责任管理,遏制南疆四地州人口过快增长势头。

(4) 完善社会保障体系。以城乡居民、企业职工参保为重点,切实推进未参保人员参加城乡居民基本养老保险、医疗保险,实现新疆基本养老保险参保1026万人、基本医疗保险参保率稳定在95%以上。完善机关事业单位养老保险改革配套政策。建设基本医疗保险、大病保险、医疗救助以及各类补充保险一体化结算信息平台,实现"一单式"结算。

(5) 积极推进安居乐业。继续推进农村安居和游牧民定居工程,实施农村安居工程30万户,尤其是21万户农村4类重点对象建房任务,为2019年底前全面完成农村贫困群体建房任务奠定基础。积极推进城镇保障性安居工程和城市棚户区、老城区改造,开工建设各类城镇保障性住房47.1万套。加快污水处理设施提标改造,力争城镇污水处理率达88.5%左右。

(6) 加快边境地区发展。认真贯彻落实特殊扶持政策,积极实施抵边一线自然村基础设施提升工程,改善边境地区基本公共服务,确保边民安心生产生活、安心守边固边。

(7) 健全防灾减灾救灾体系。加强安全生产监管基础设施,完善监测预警、应急处置、救援救助机制,严格落实安全生产责任制,坚决遏制重特大安全事故发生。加强食品药品安全监管,完善全程追溯体系,努力让人民群众吃得放心、用得安心。

9. 支持兵团改革发展,激发兵团发展活力

牢固树立"兵地一盘棋"的思想,积极探索兵地共建模式,推动形成向南发展共举、产业发展共赢、城镇建设共推、社会服务共享、文化交流共融、生态文明共建的良好局面。

(1) 建立健全共建共融、共商发展协调机制。落实兵团向南发展规划纲要,完善兵地协调推进机制,加强在产业布局、重大项目推进、丝绸之路经济带建设、支持兵团深化改革、兵团向南发展等方面合作,促进兵团与地方经济社会的深度融合。

(2) 着力构建兵团与地方城镇职能互补、具有新疆特色的城镇建设体系。以城市群和城镇组团为主体形态,支持乌鲁木齐—昌吉—石河子—吐鲁番、阿勒泰—北屯、阿克苏—阿拉尔等兵地融合的城市群或城镇组团的建设和发展,推进在水利、交通、电力、生态、城市建设等重大基础和基本公共服务方面互联互通。

(3) 构建优势互补、合作共赢、共融发展的区域产业体系。打破体制机制壁垒,以市场为导向,以产权为纽带,以纺织服装、农副产品深加工等劳动密集型产业为突破口,发挥兵团人才、技术和集约化管理优势,推进企业跨兵地、跨所有制发展,培育壮大一批融合型产业带、产业群和大企业、大集团。

后 记

  本书在编撰和修改定稿过程中凝聚了课题组成员的辛勤汗水。特别需要指出的是，国家民委经济发展司等相关部门为研究提供了翔实的数据资料，给出了诸多建设性修改意见；民族地区民族经济工作部门为课题组调研提供了诸多便利，协助举行了座谈会并提供了大量第一手资料，在此一并表示感谢！同时，非常感谢民族出版社各位编辑给予的修改意见以及在本书出版过程中付出的辛勤工作！

  本书由国家民委经济发展司司长张志刚任主编，国家民委经济发展司副司长王海青、中南民族大学副校长李俊杰教授任副主编。参与编撰工作的同志包括国家民委经济发展司朱卫东、万晓璐、马帅、侯运等，中南民族大学经济学院教师耿新、孟庆雷、段世德、李天华、何锋、李彦军、马楠、李云超、陶文庆、白勇军等，以及来自内蒙古、新疆、广西、宁夏、西藏、云南、青海、贵州、甘肃、四川、重庆共11省（直辖市、自治区）相关部门的同仁。

课题组
2018年9月